Algirdas Šeškus

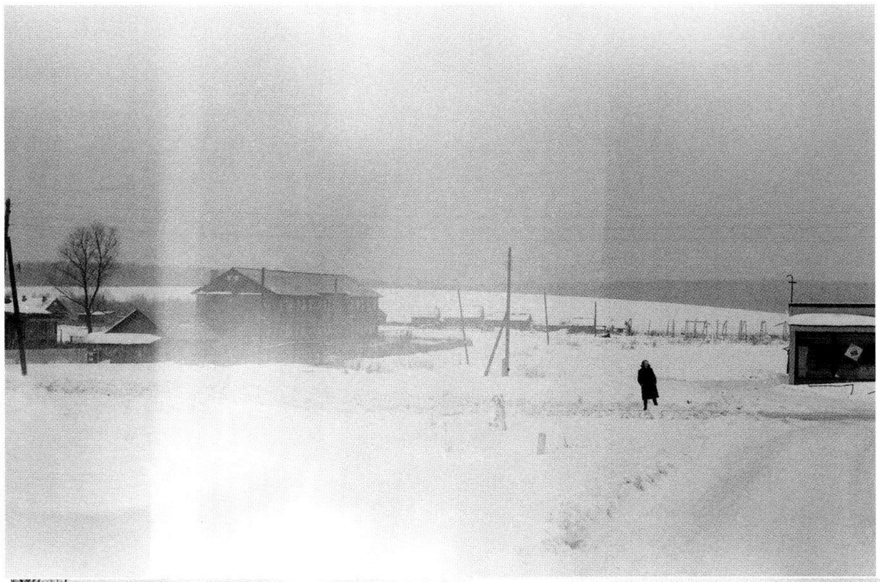

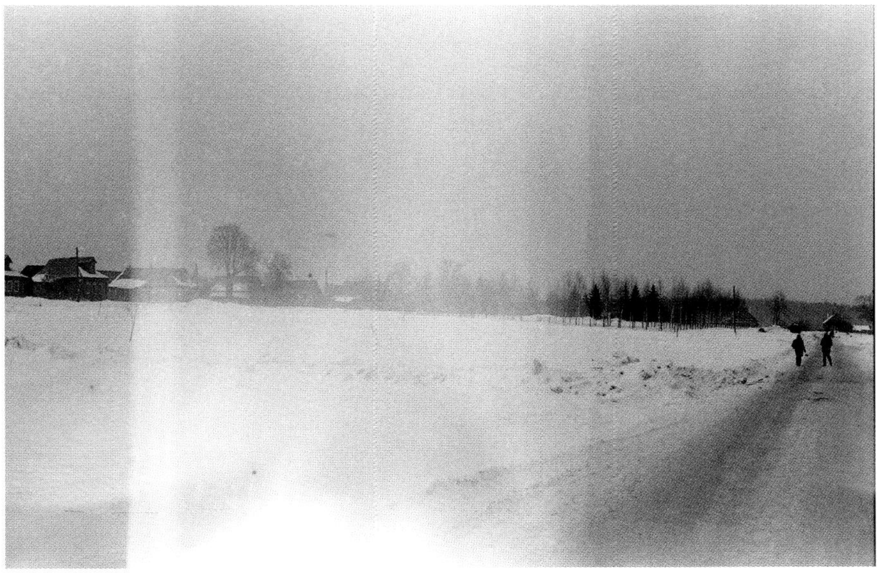

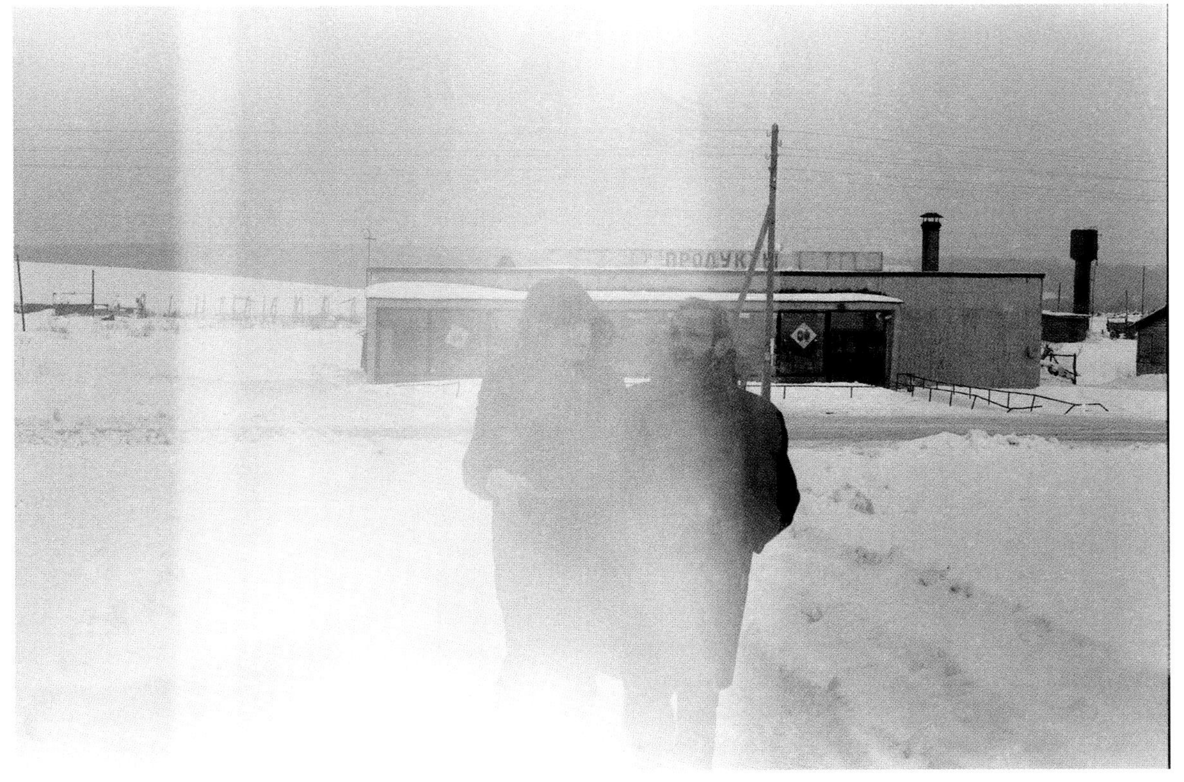

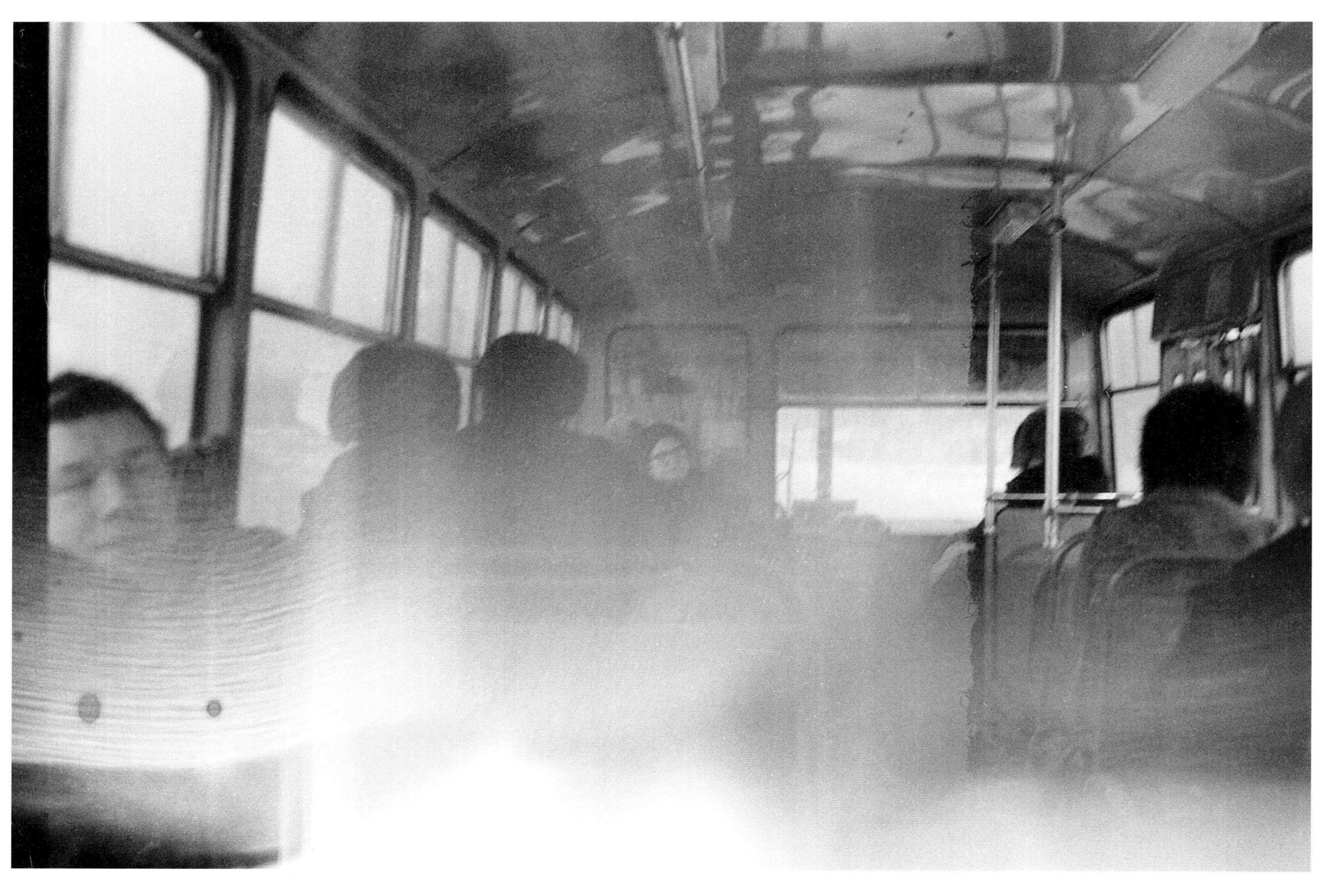

UDK 77.04(474.5)(084)
       Še97

1975–1985 metų nuotraukos
снимки 1975–1985 годов
1975–1985 photographs
die Fotobilder von 1975–1985

idėja/идея/created by/die Konzeption:
        Malvina Jelinskaitė

parengė/исполнили/made by/gemacht von:
        Maks Frei
        Irena Jomantienė
        Jūratė Karašauskienė
        Jūratė Kibirkštytė
        Indrė Makauskaitė
        Daniel Samulievič

parėmė/при поддержке/sponsored by/unterstützt von:
        Sigitas Kavaliauskas
        Nerijus Maračinskas
        Agnė Navickienė

išleido/издано/published by/verlagt von TV Play

spausdino/напечатано/printed by/Druckerei Standartų spaustuvė

VARIACIJA BUVIMO IŠORĖJE TEMA

dalys lylia
švarus gyvenimas
mėlyna
dar labiau mėlyna

ВАРИАЦИЯ НА ТЕМУ ПРЕБЫВАНИЯ СНАРУЖИ

части ЛЮЛИ
чистая жизнь
сине
еще синее

A VARIATION ON THE THEME OF BEING OUTSIDE

parts leelya
pure life
blue
yet bluer

VARIATION ZUM THEMA DES DASEINS AUSSERHALB

die Teilen la–le–lu
pures Leben
das Blaue
noch blauer

pirma dalis lylia

первая часть ЛЮЛИ

part one leelya

erster Teil la–le–lu

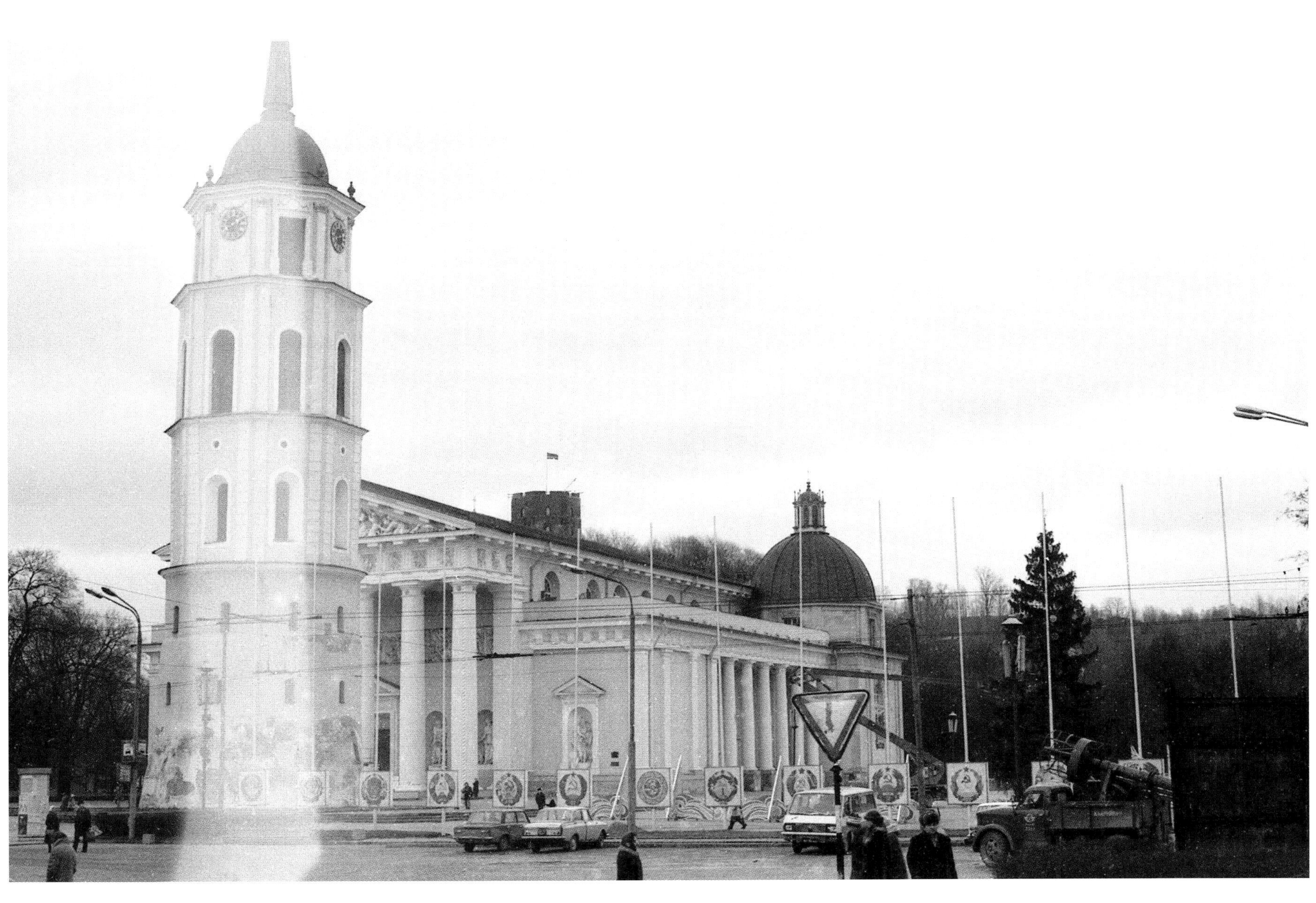

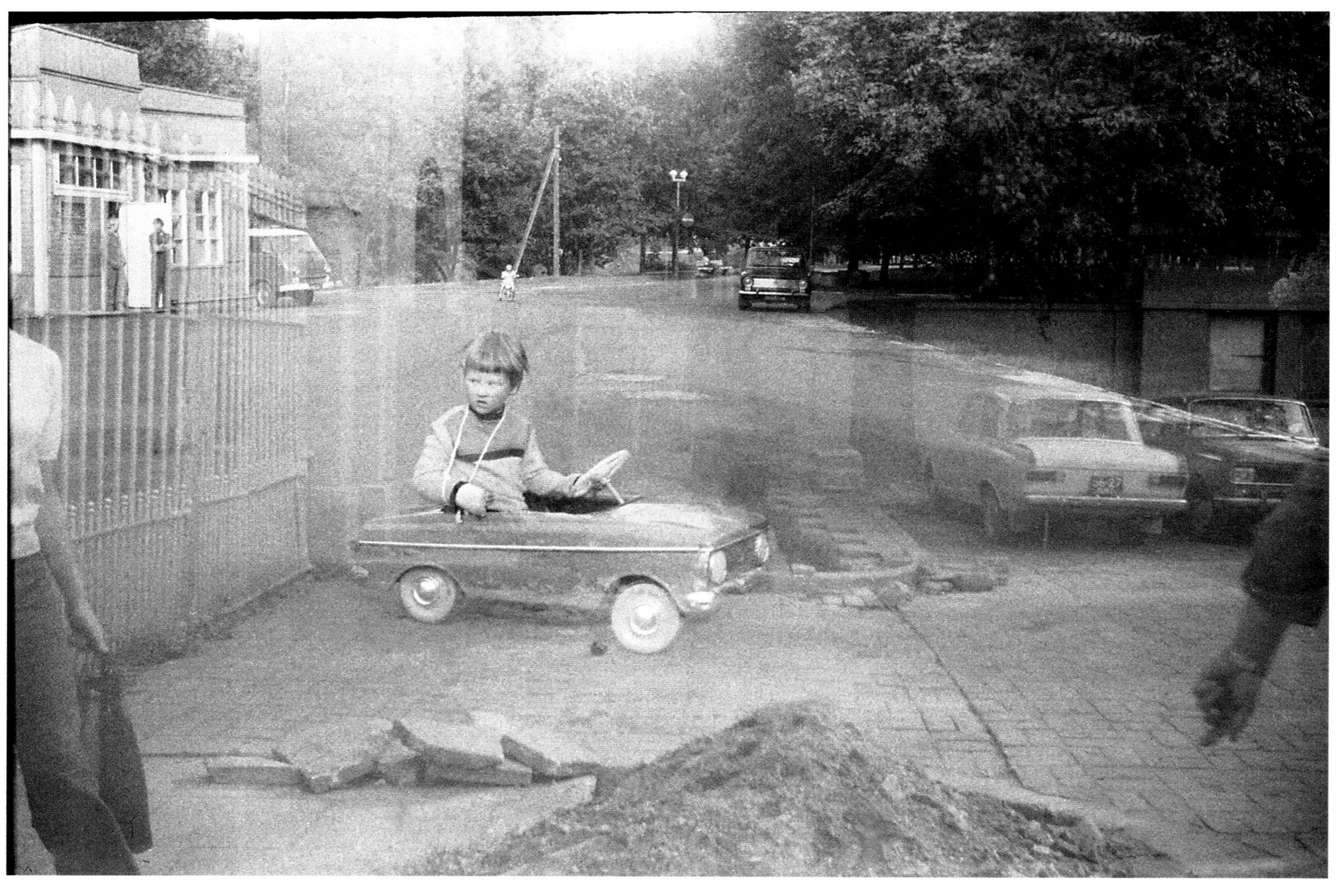

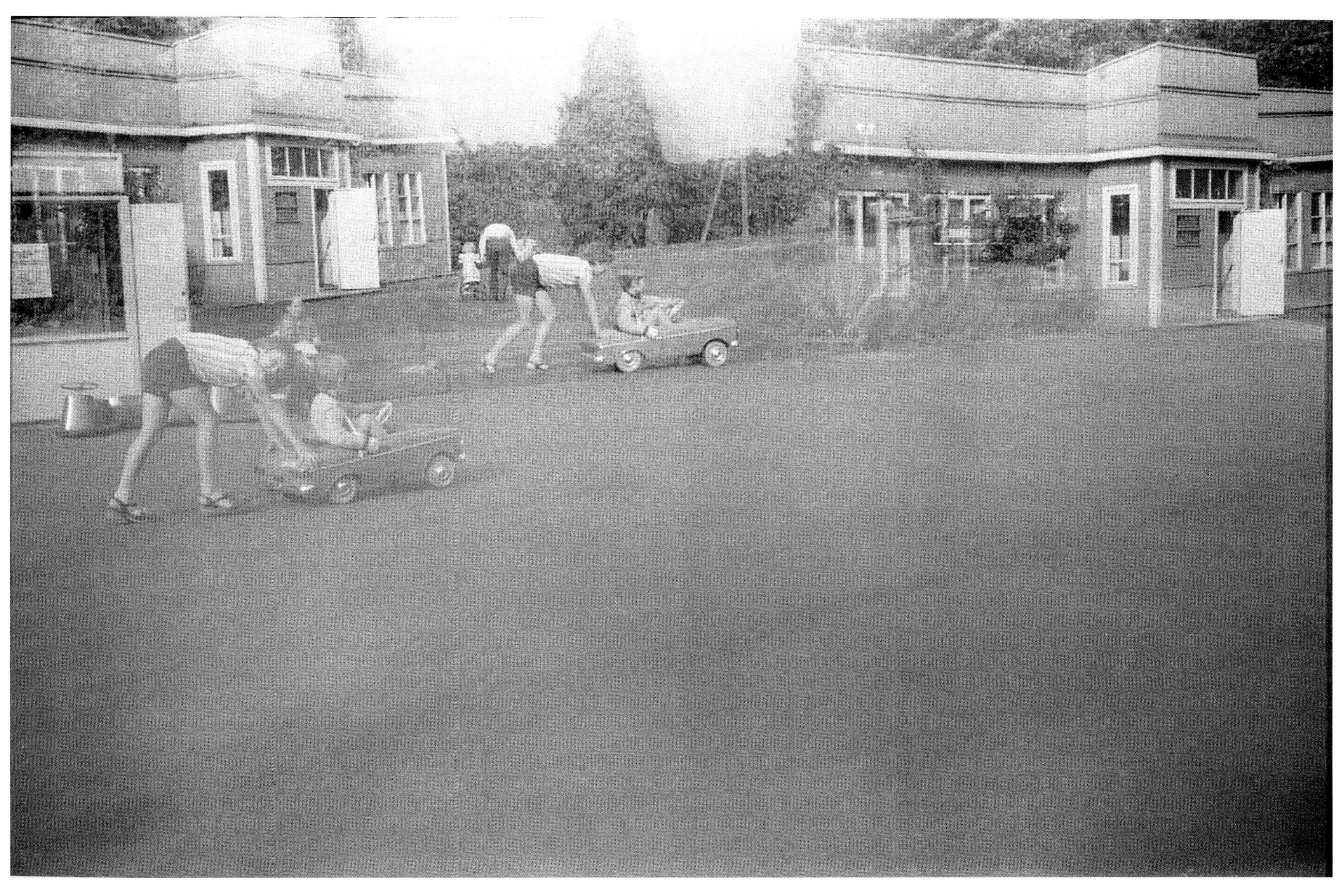

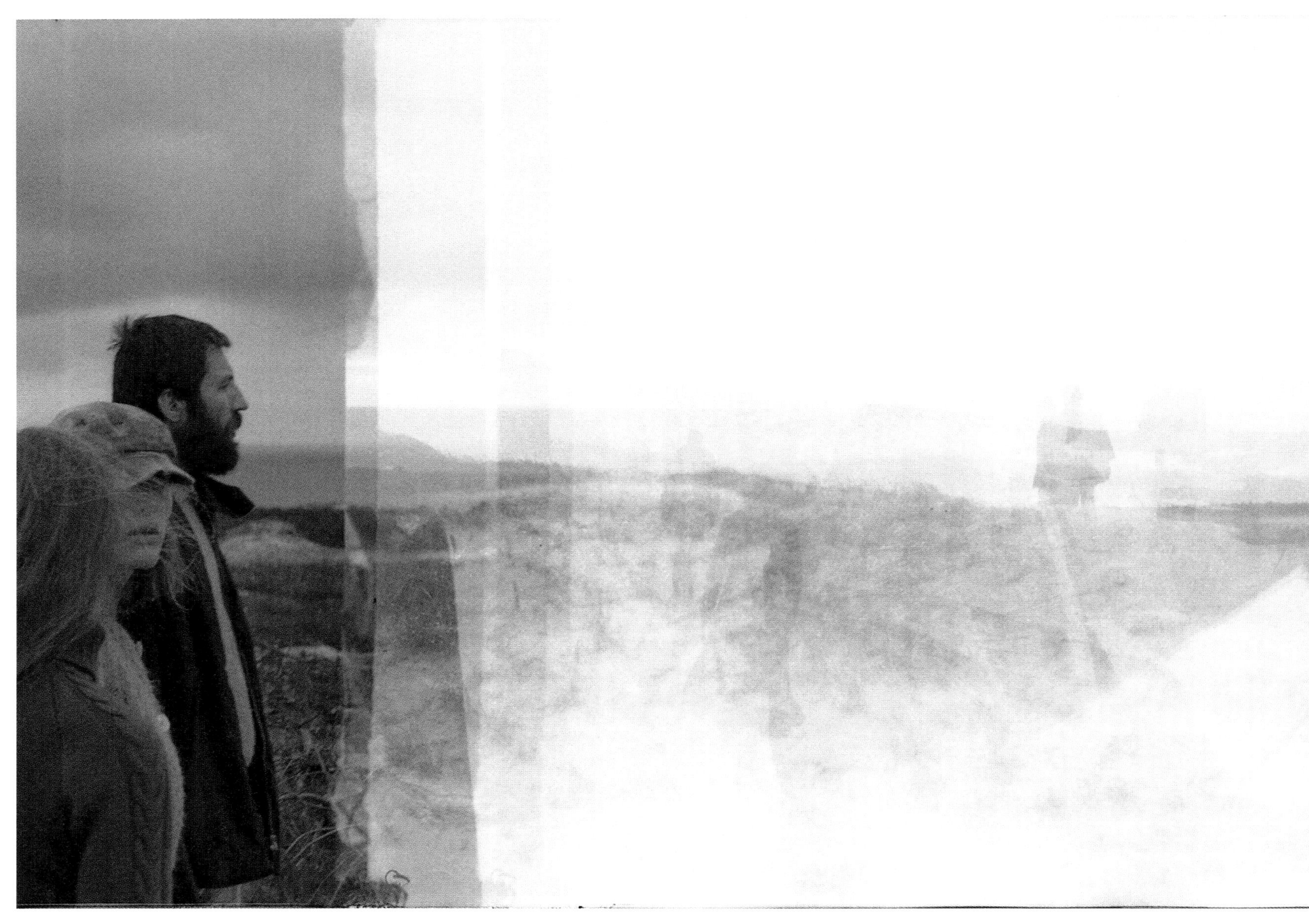

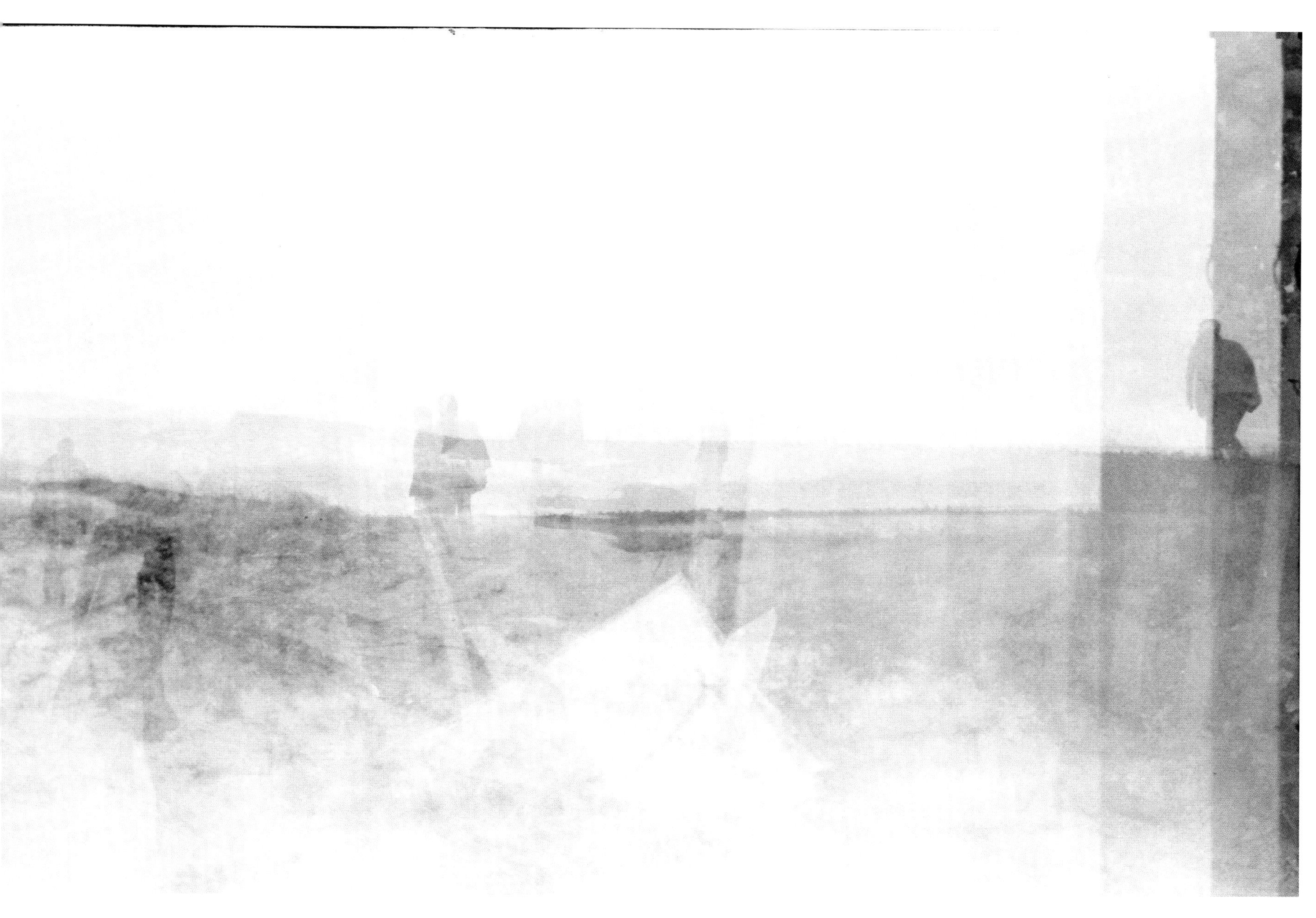

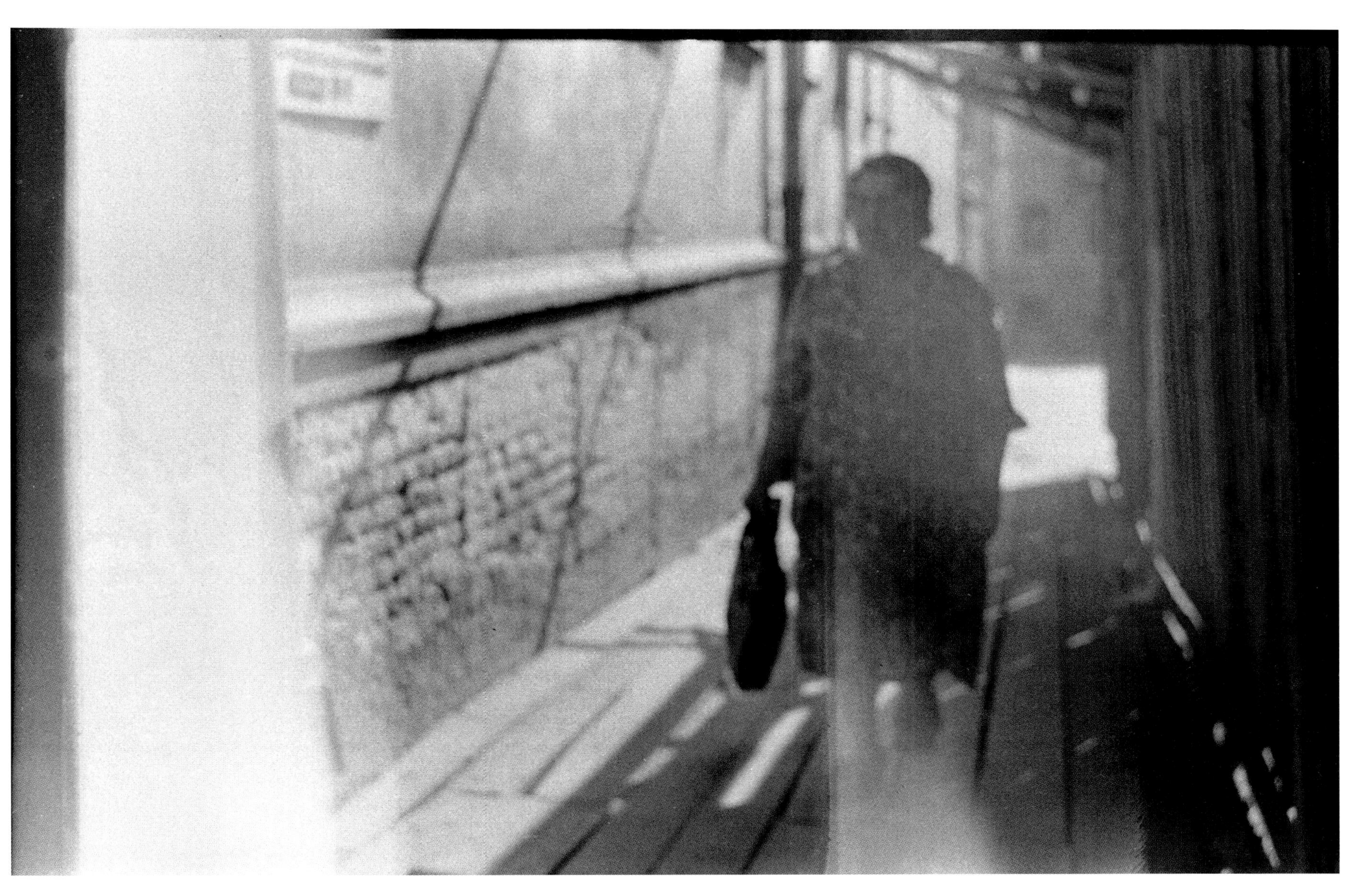

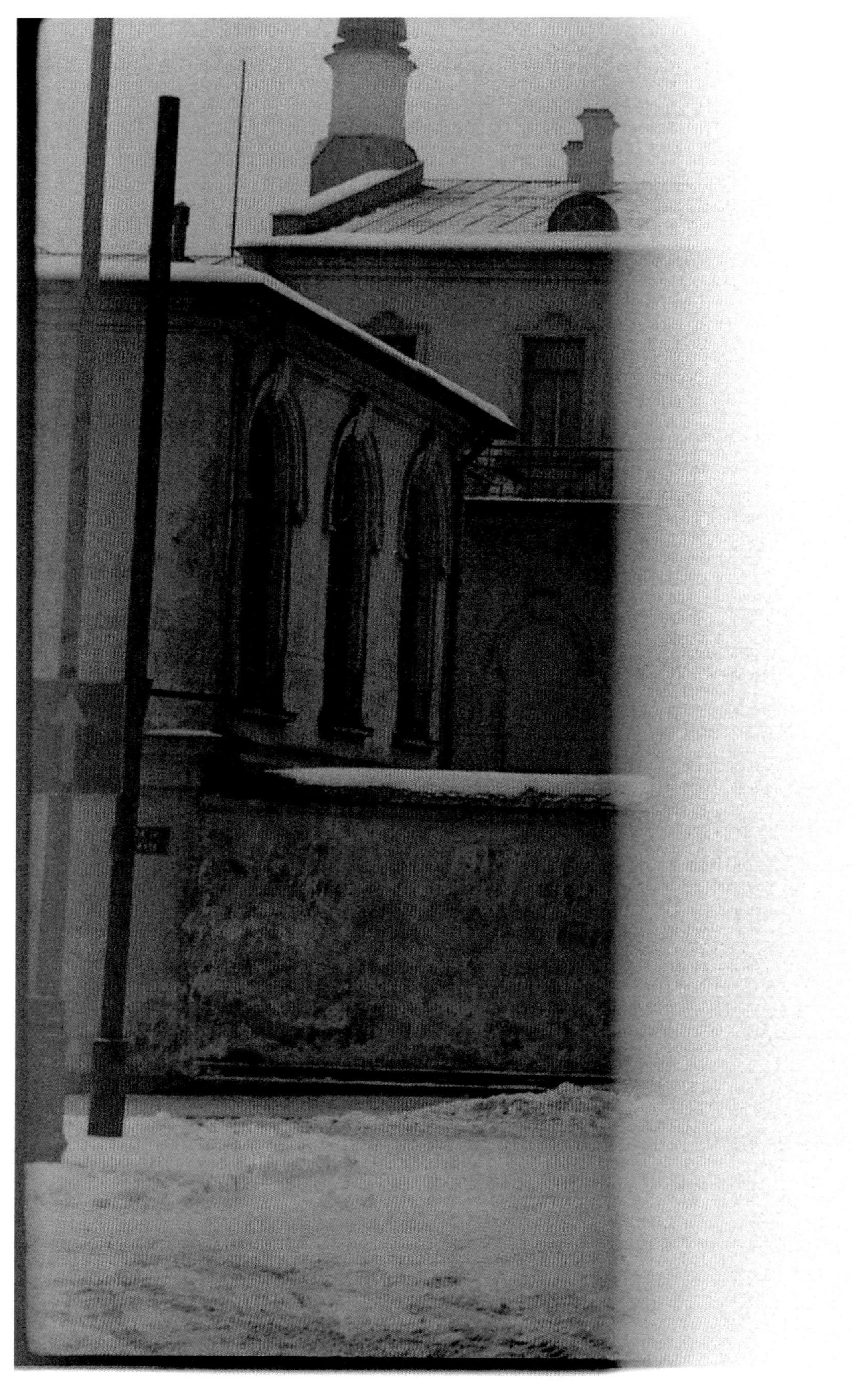

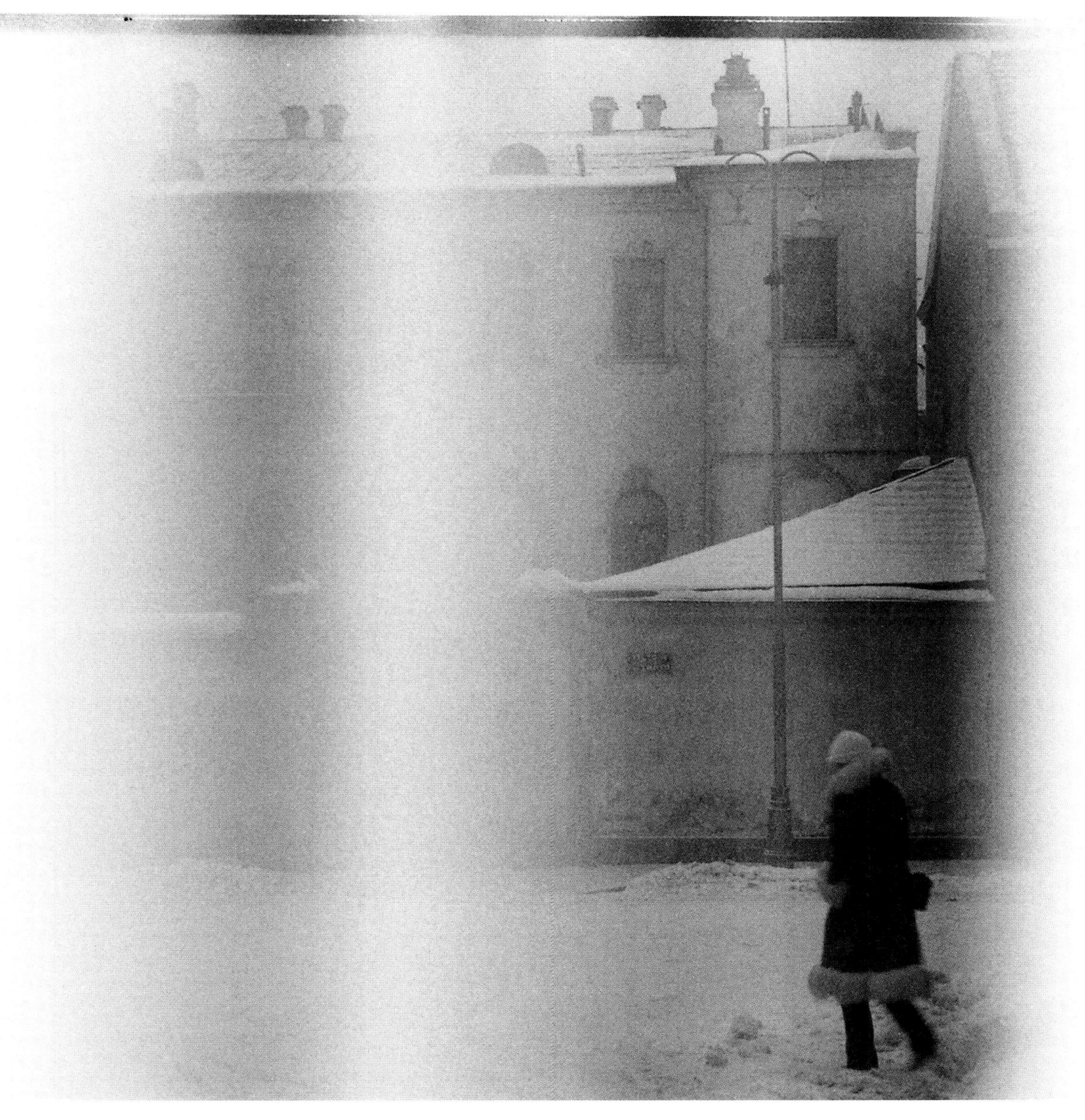

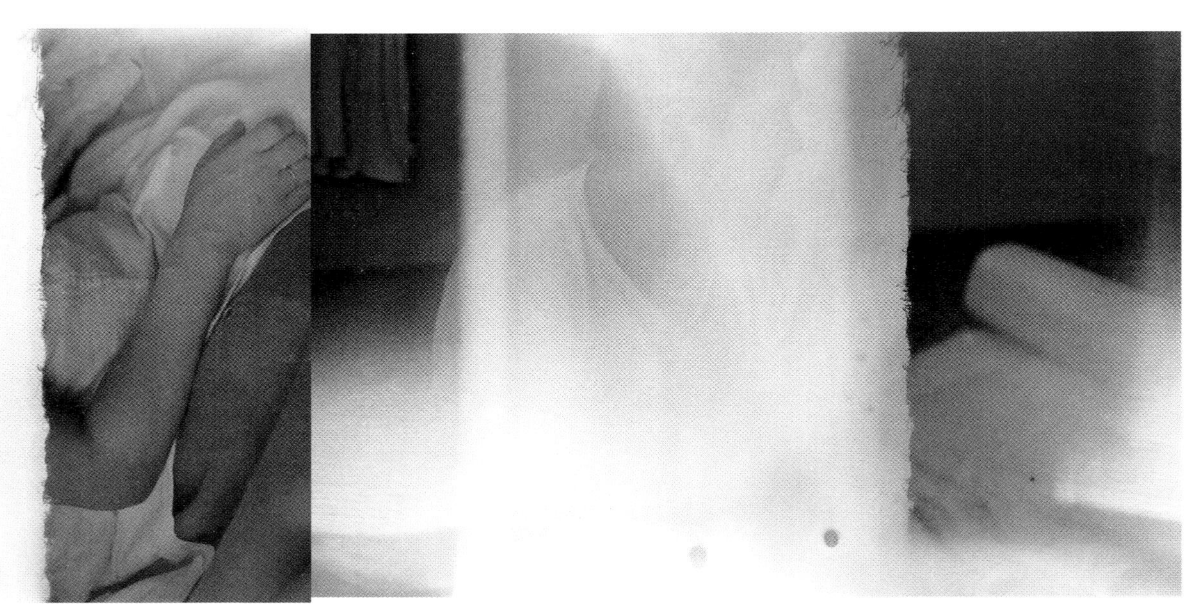

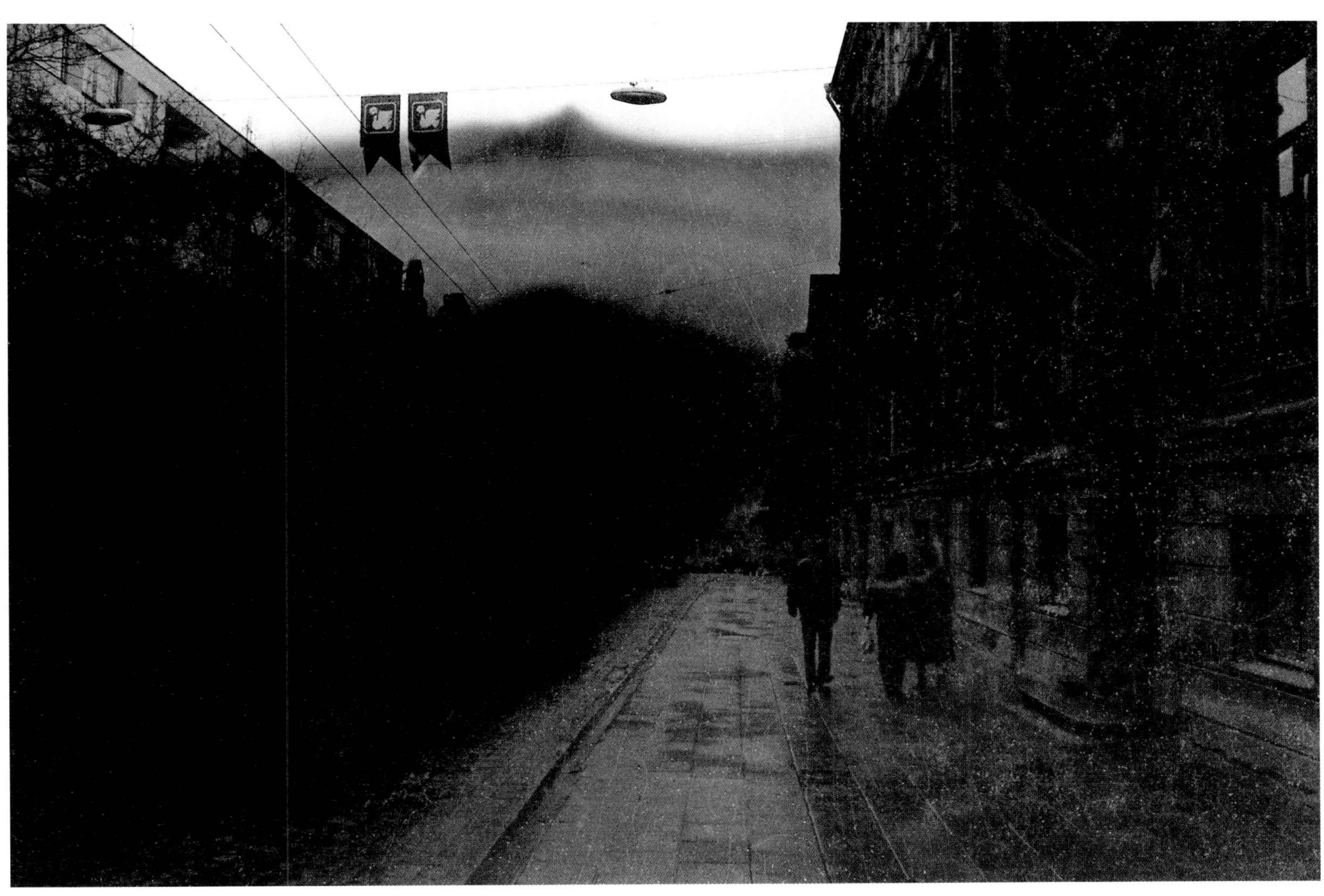

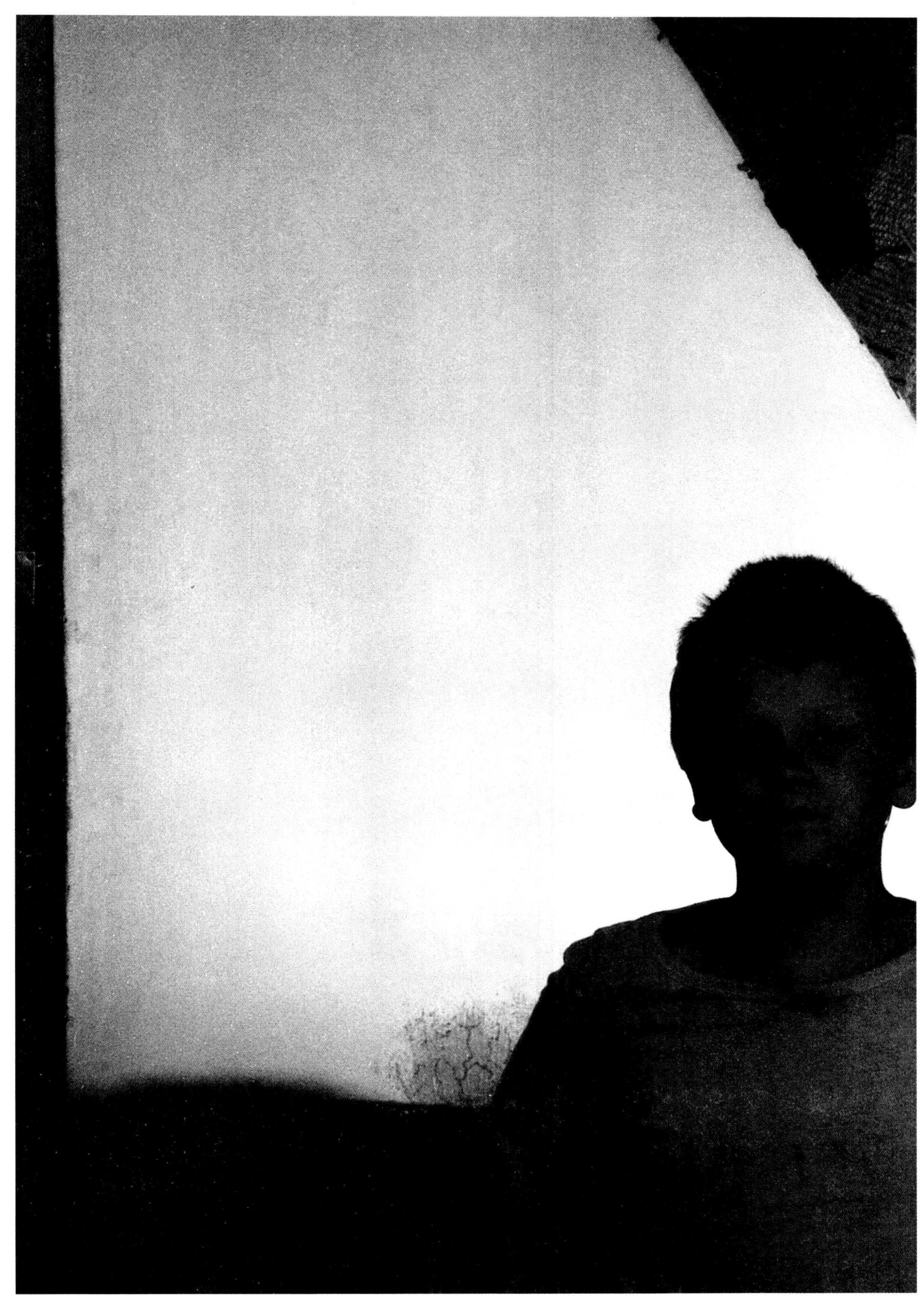

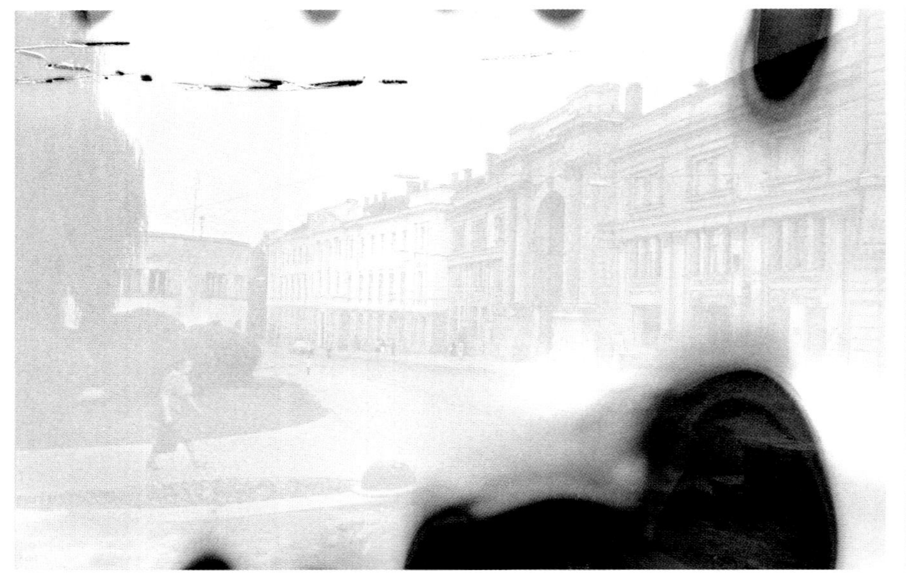

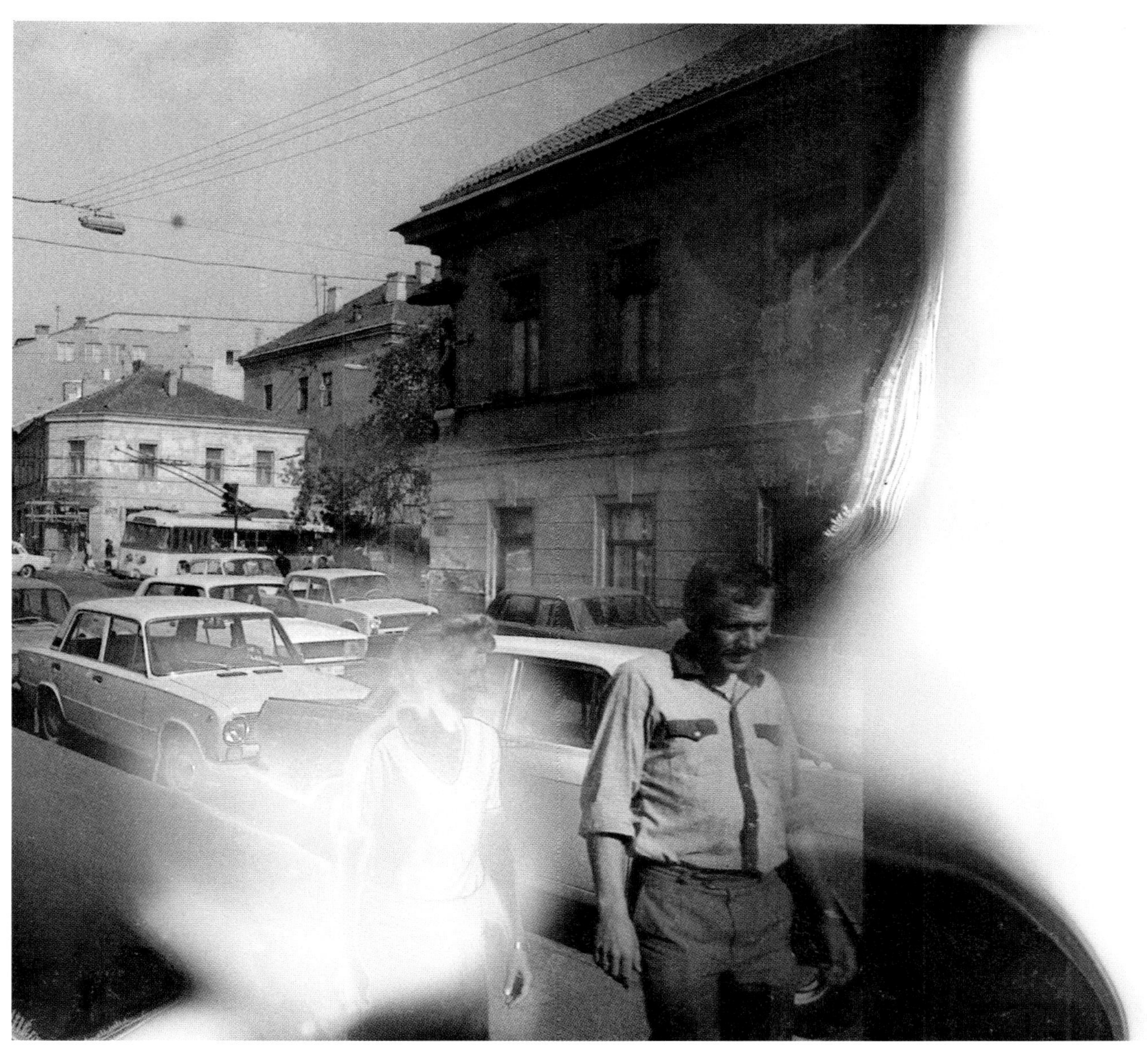

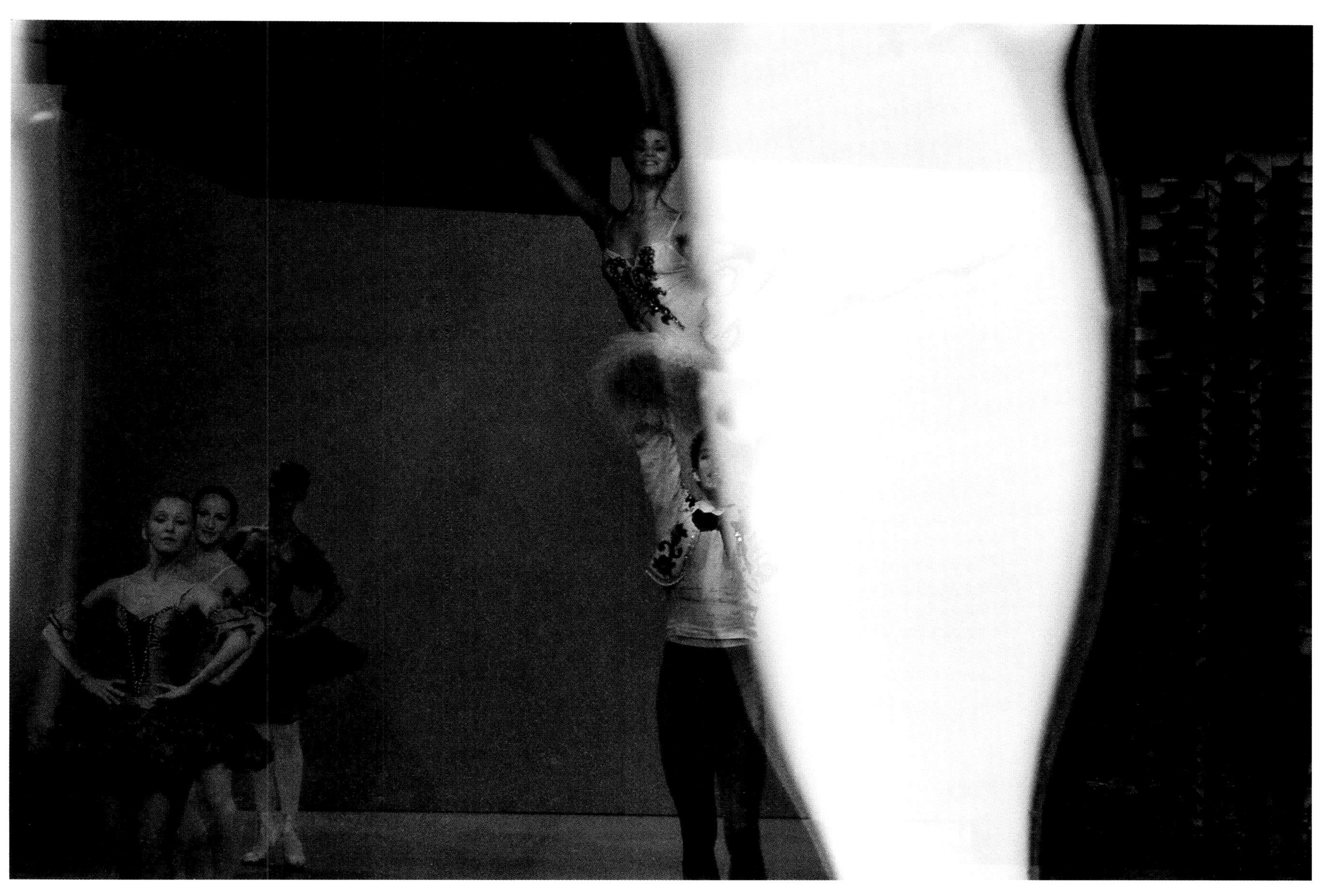

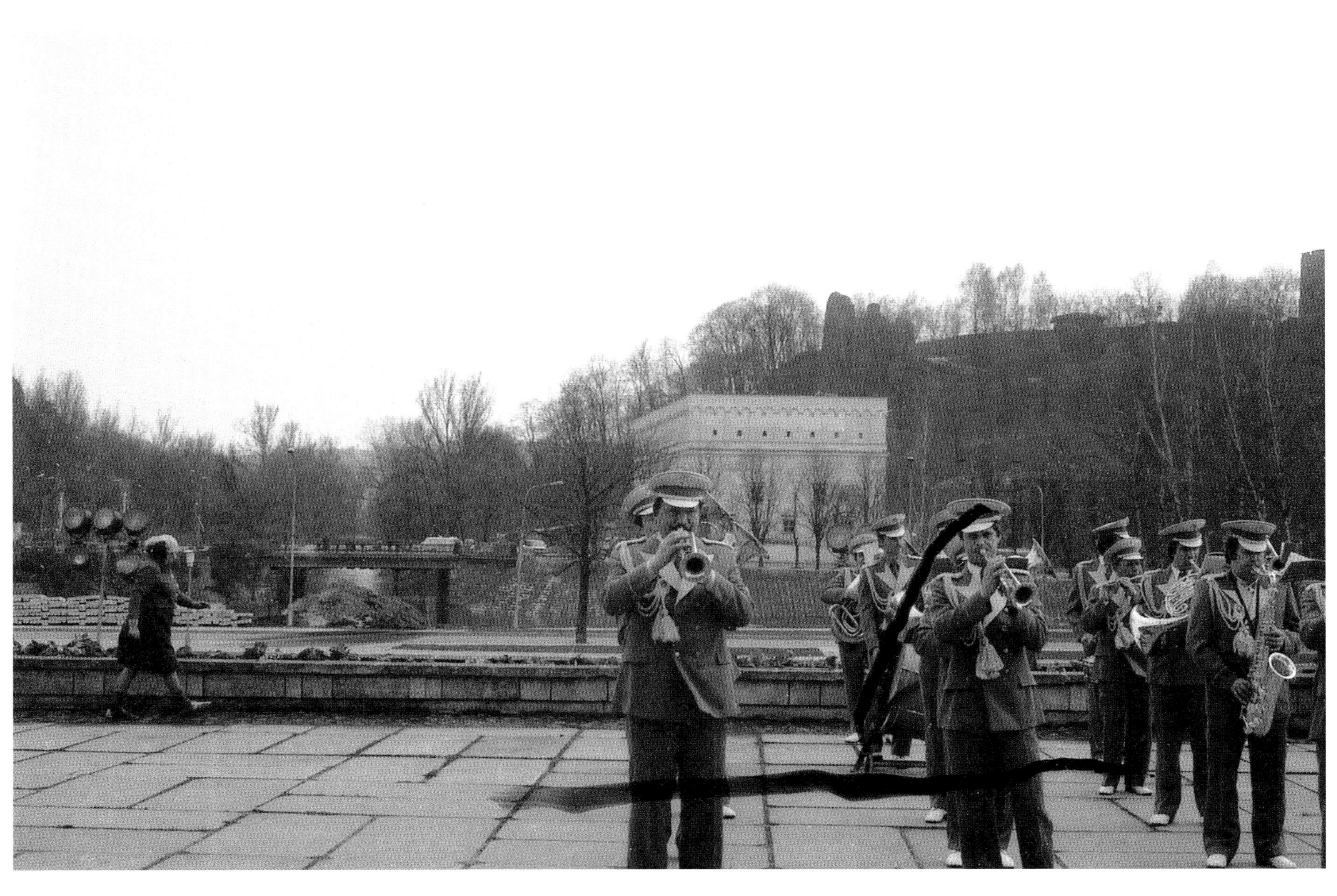

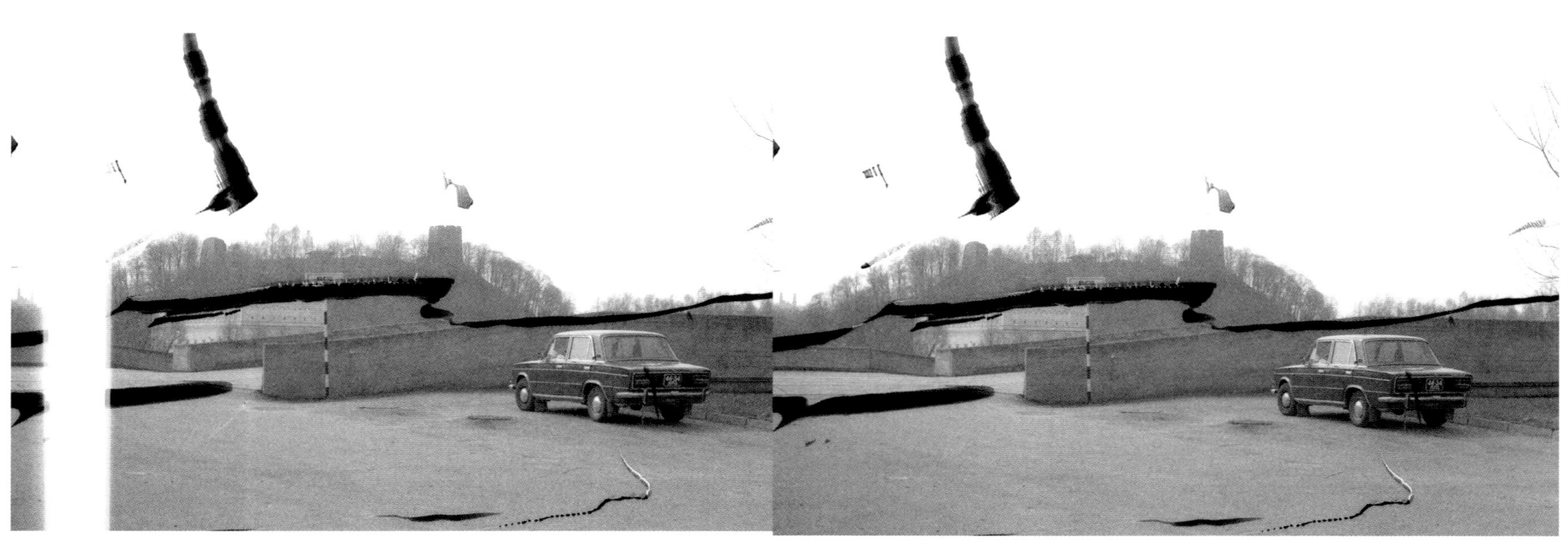

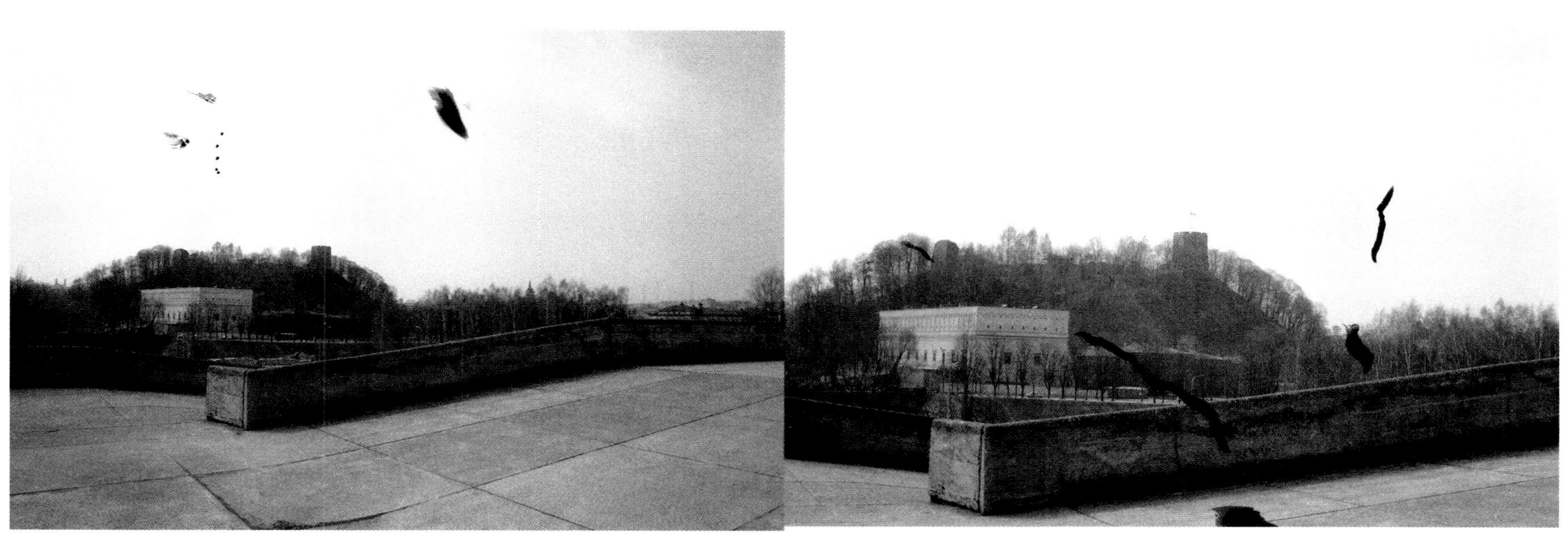

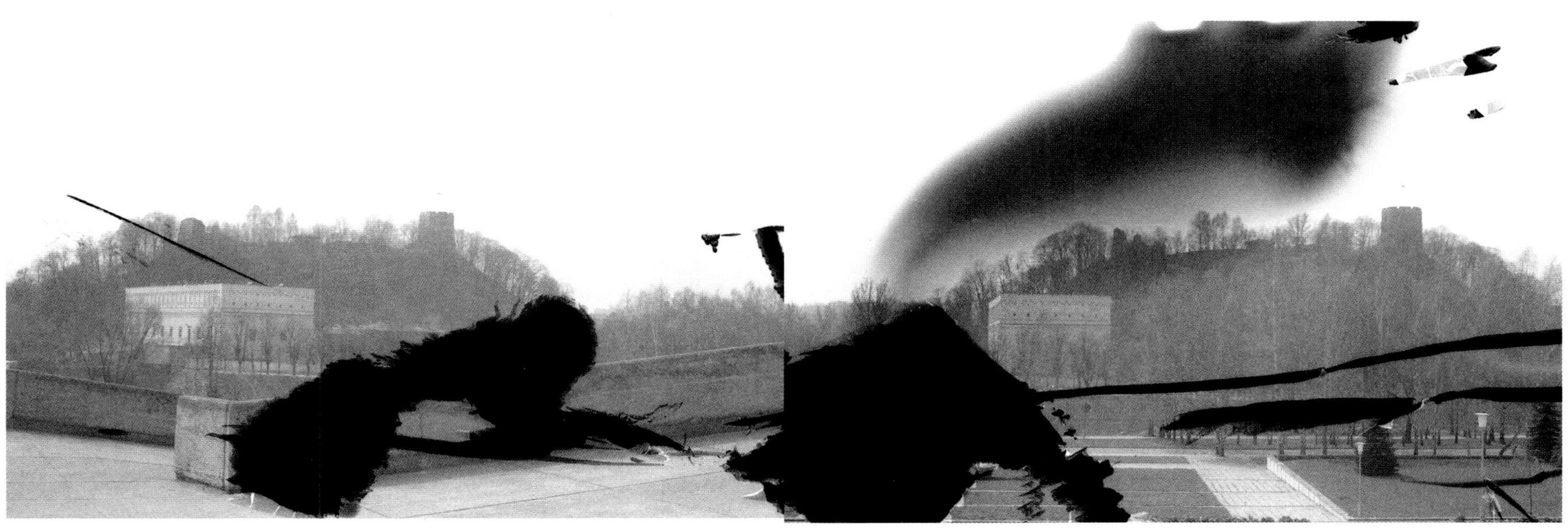

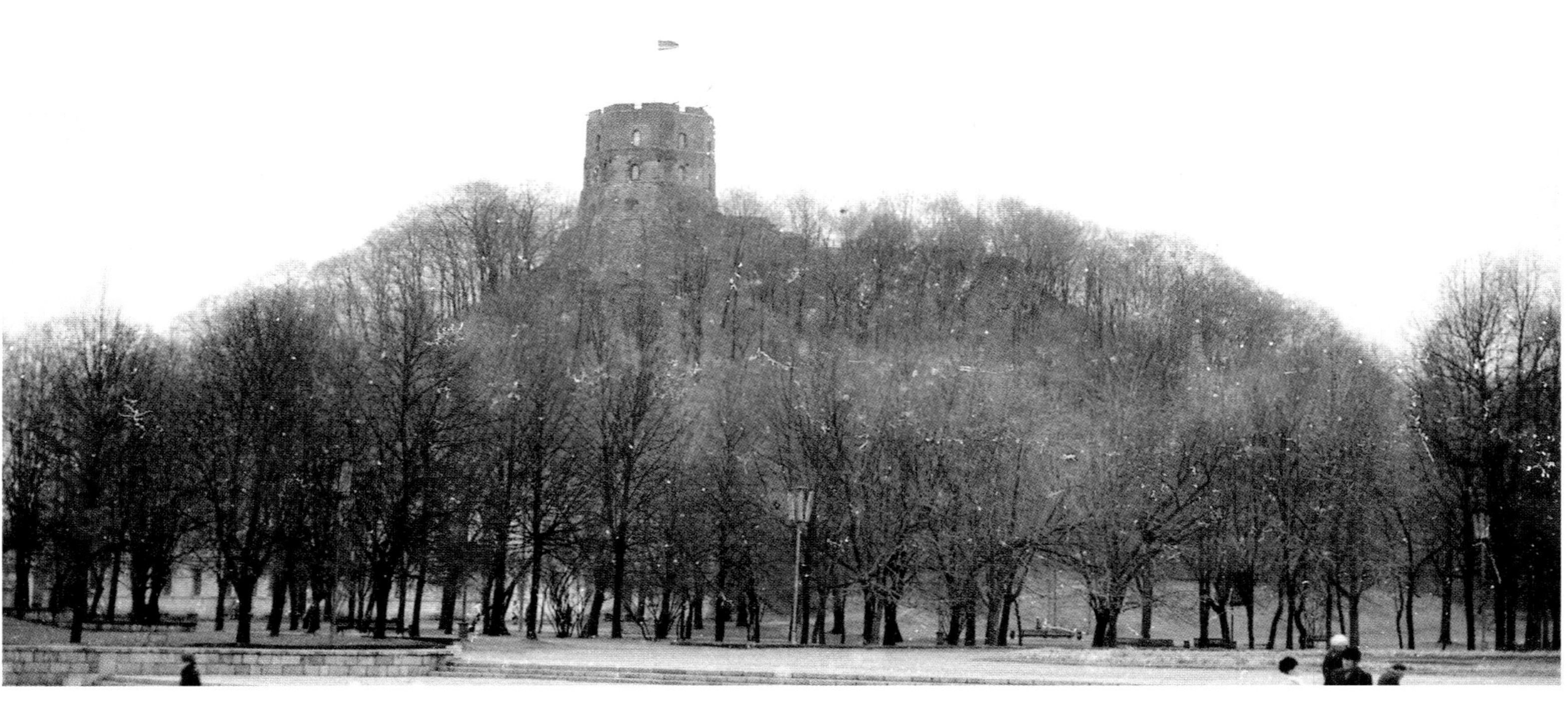

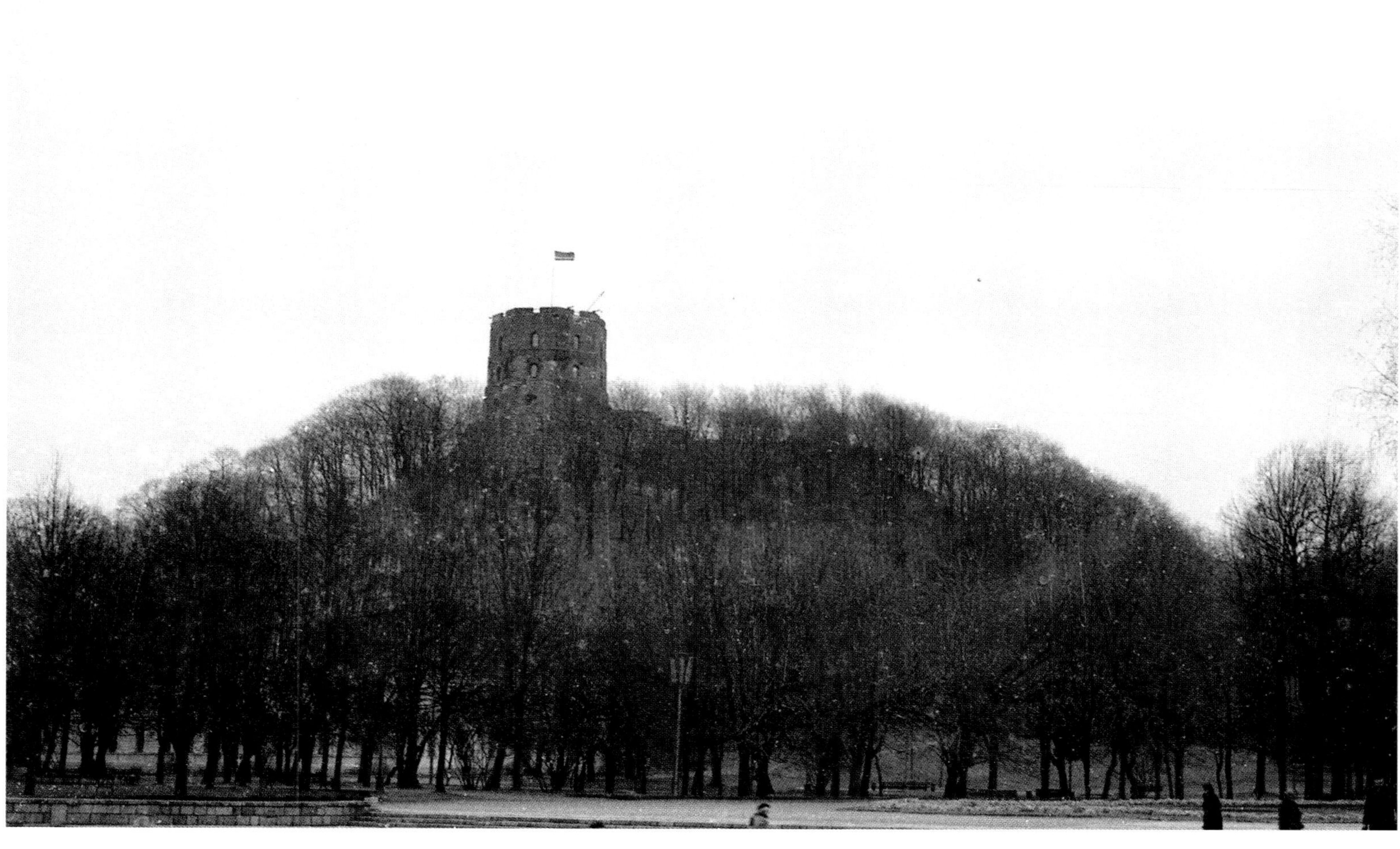

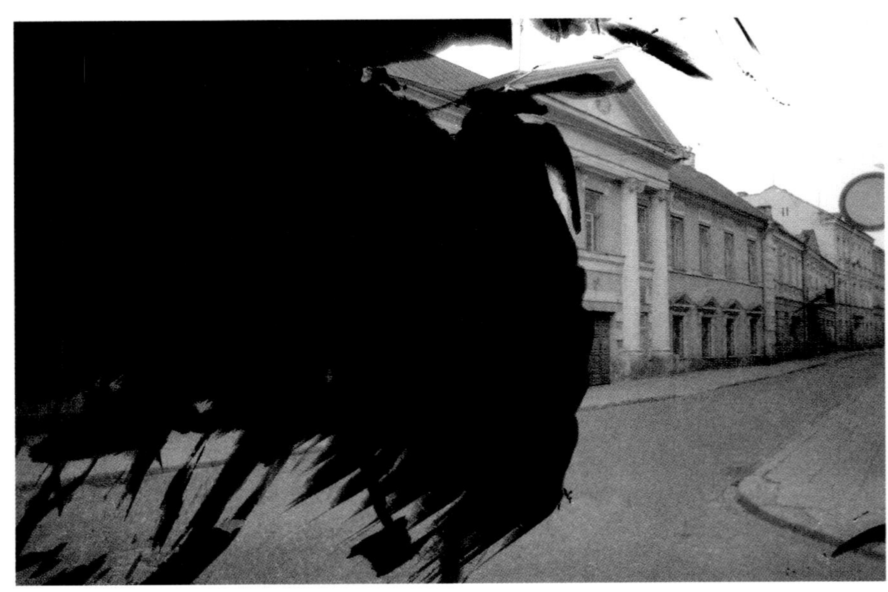
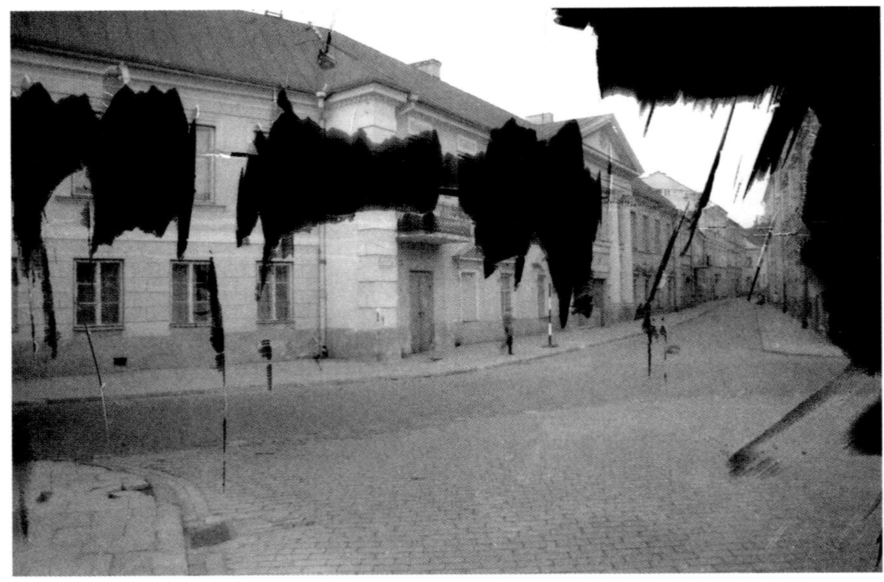

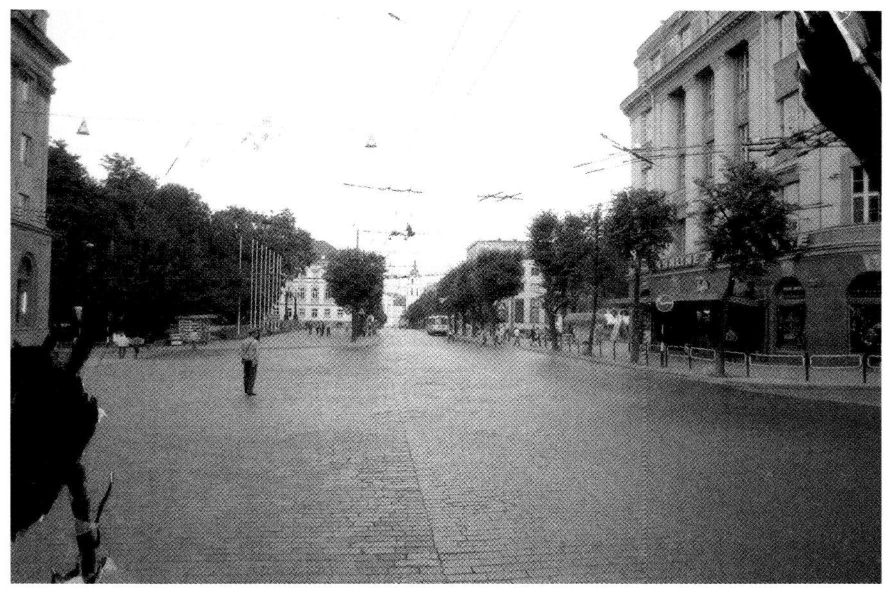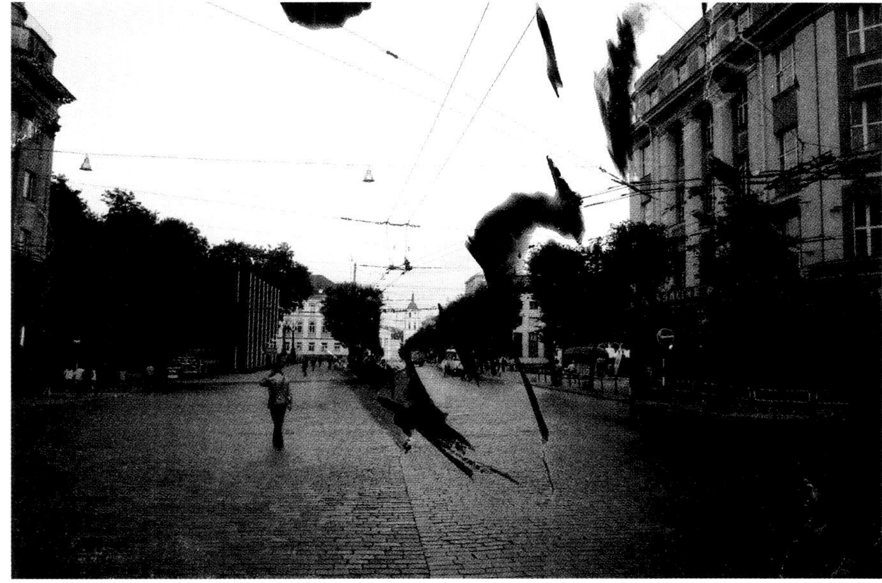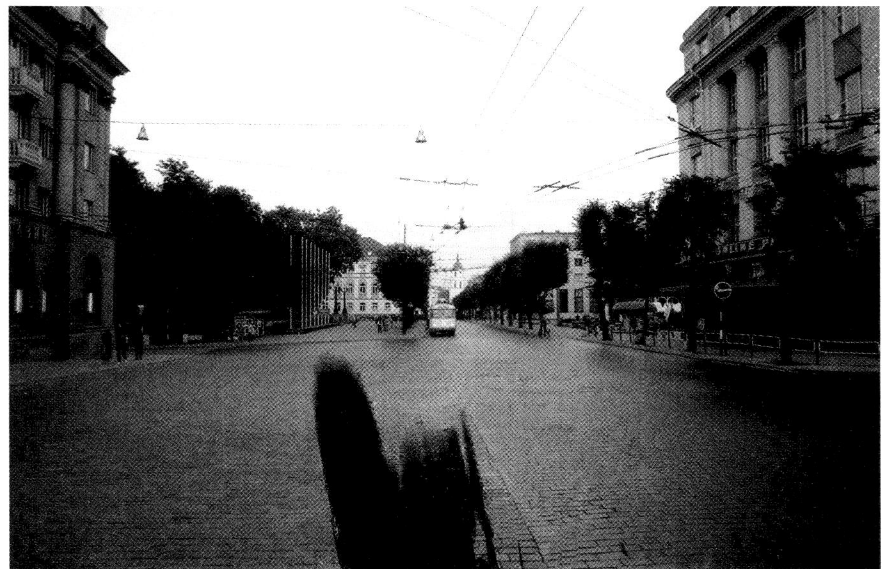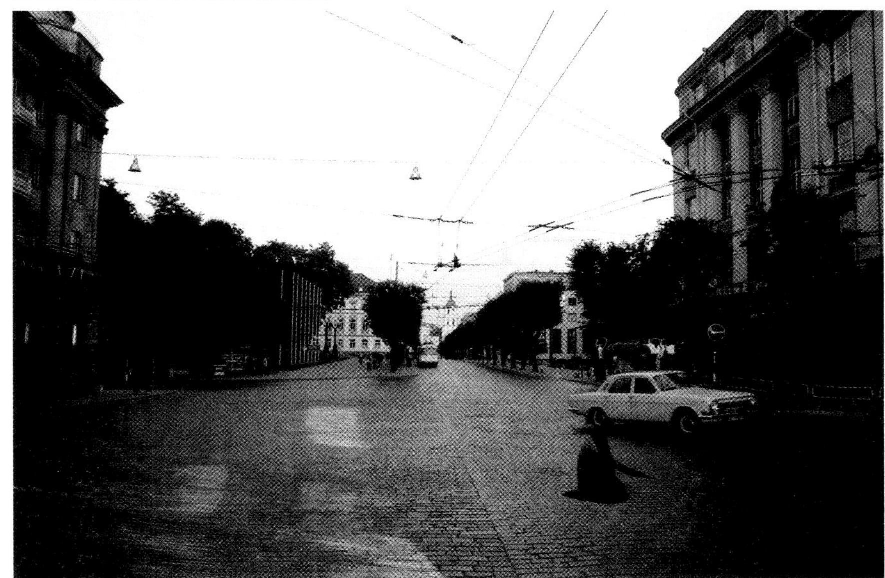

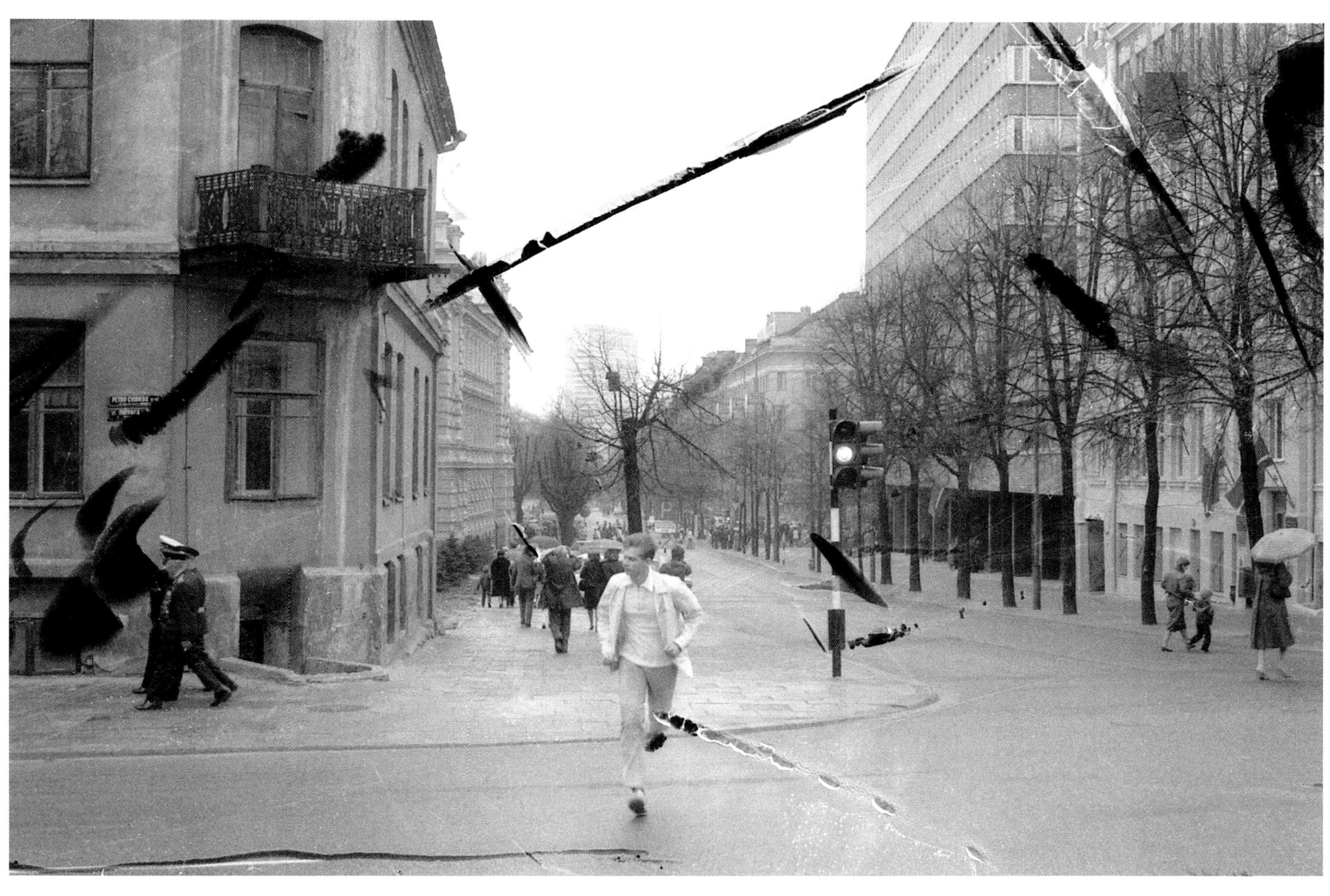

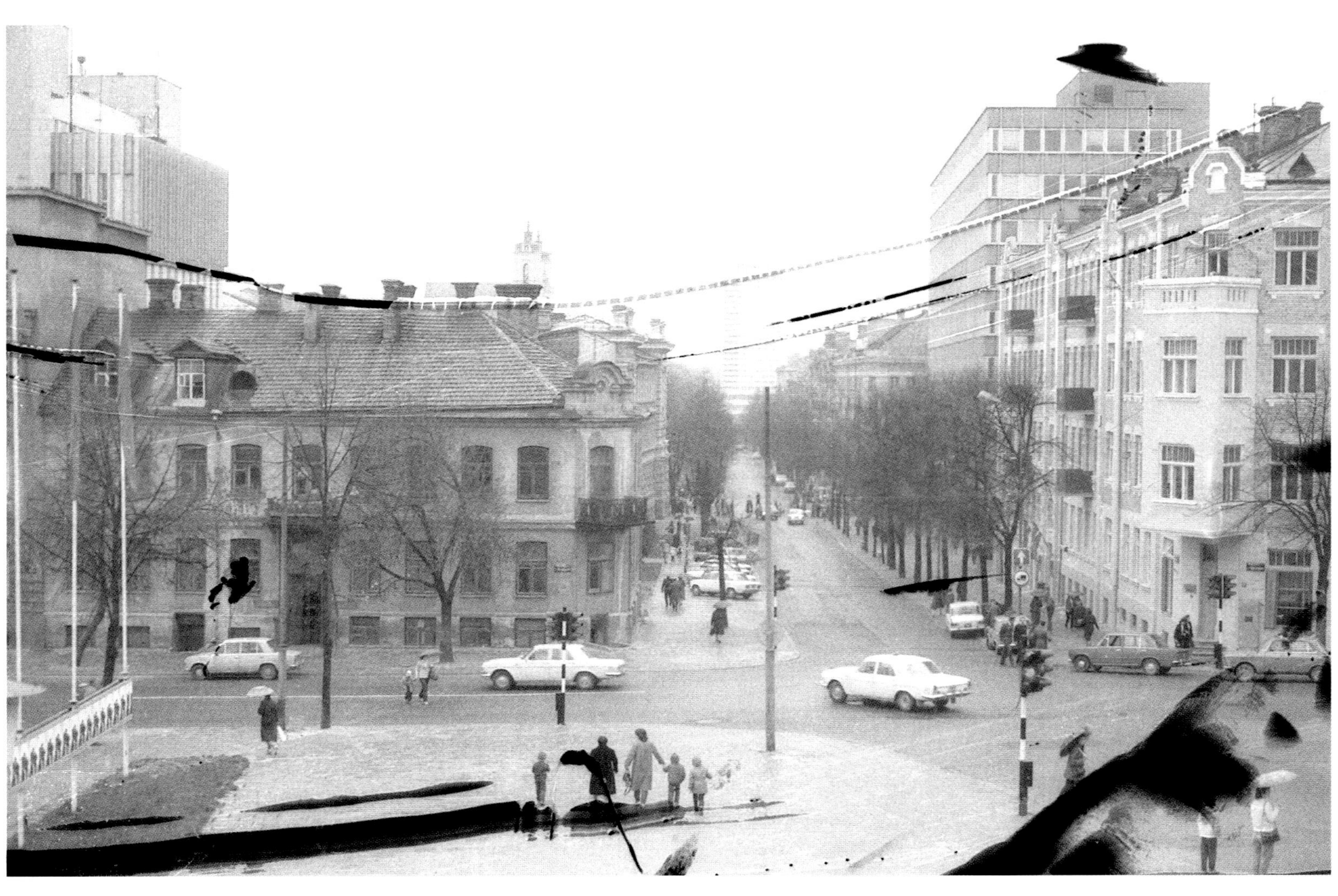

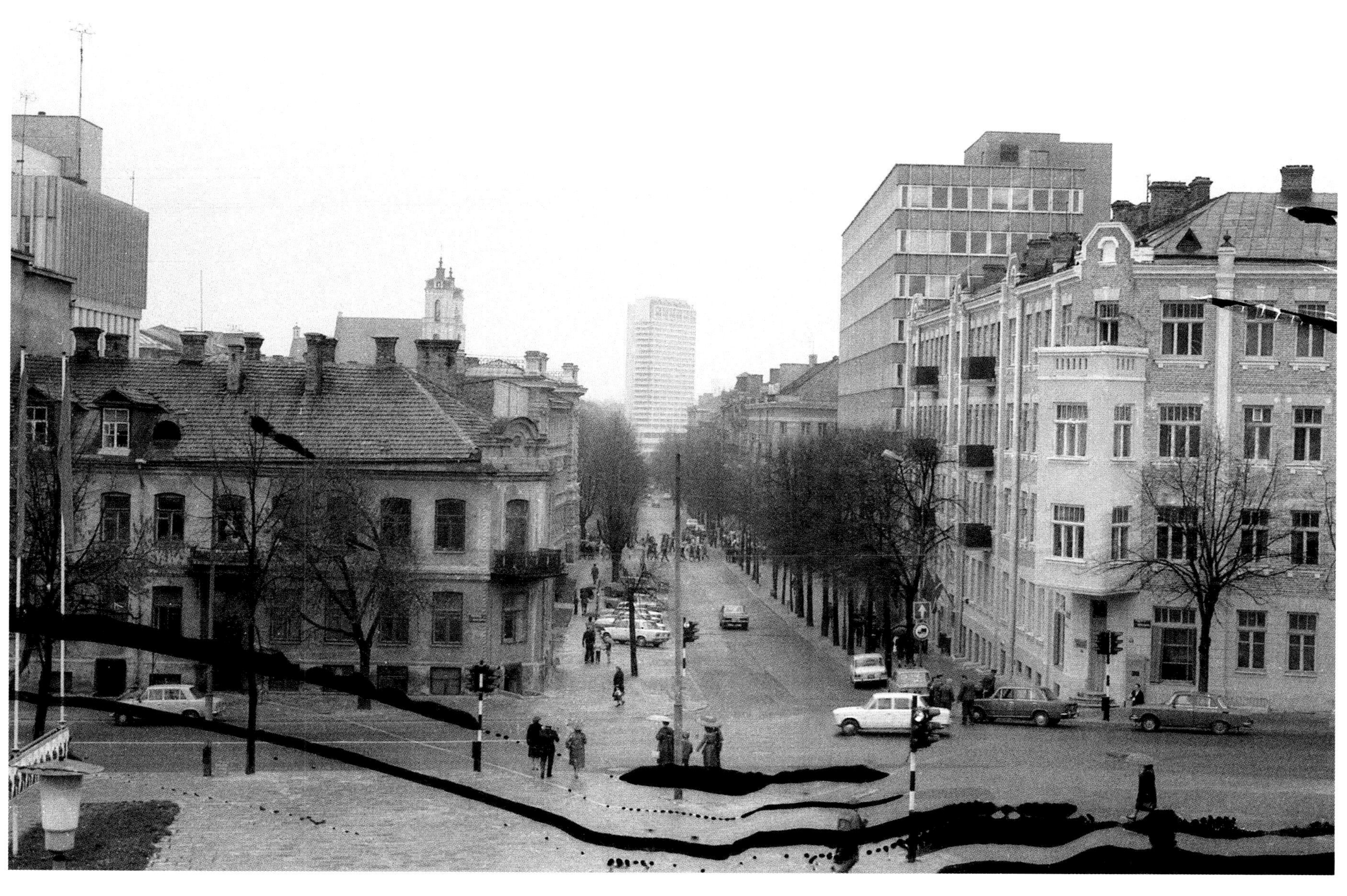

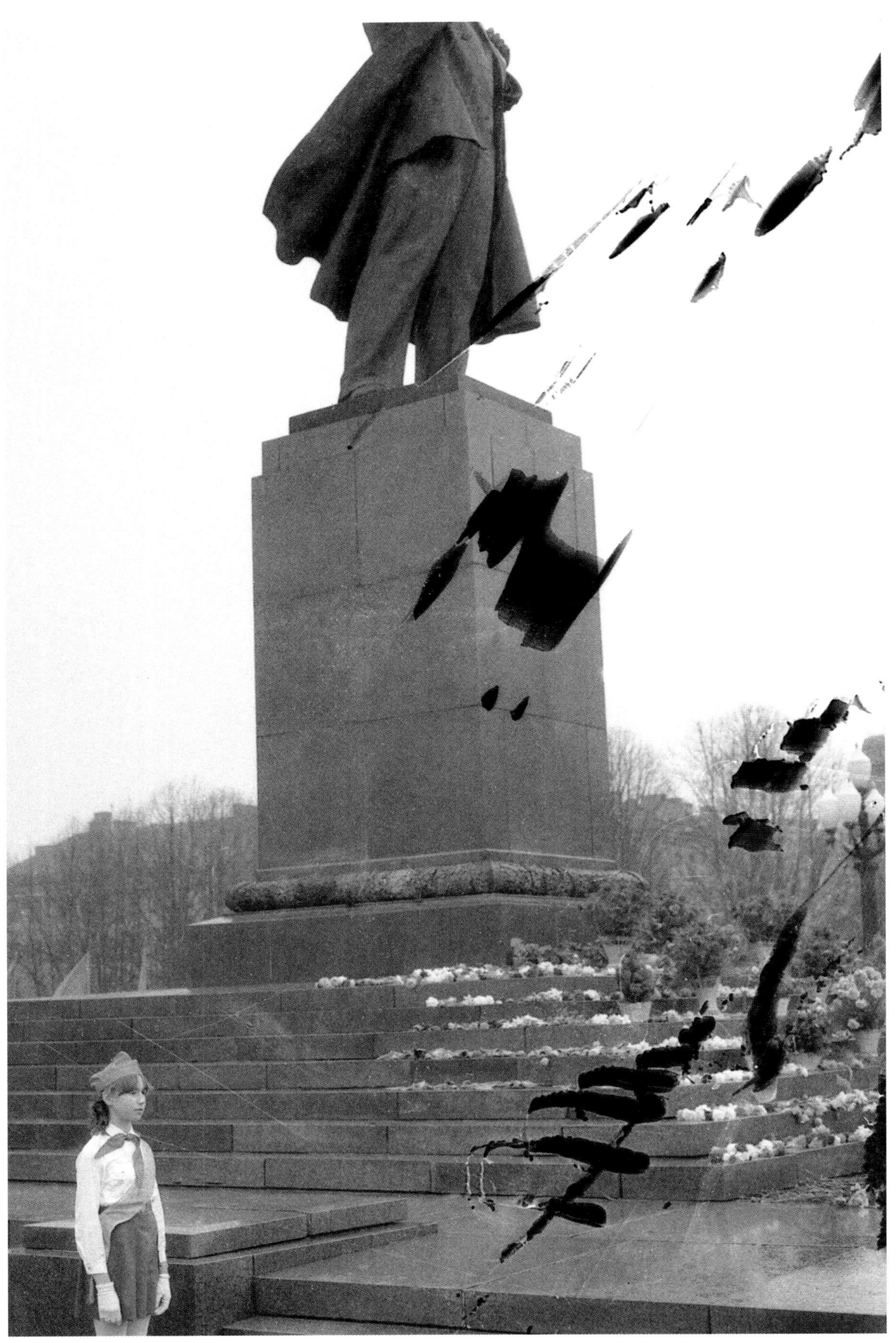

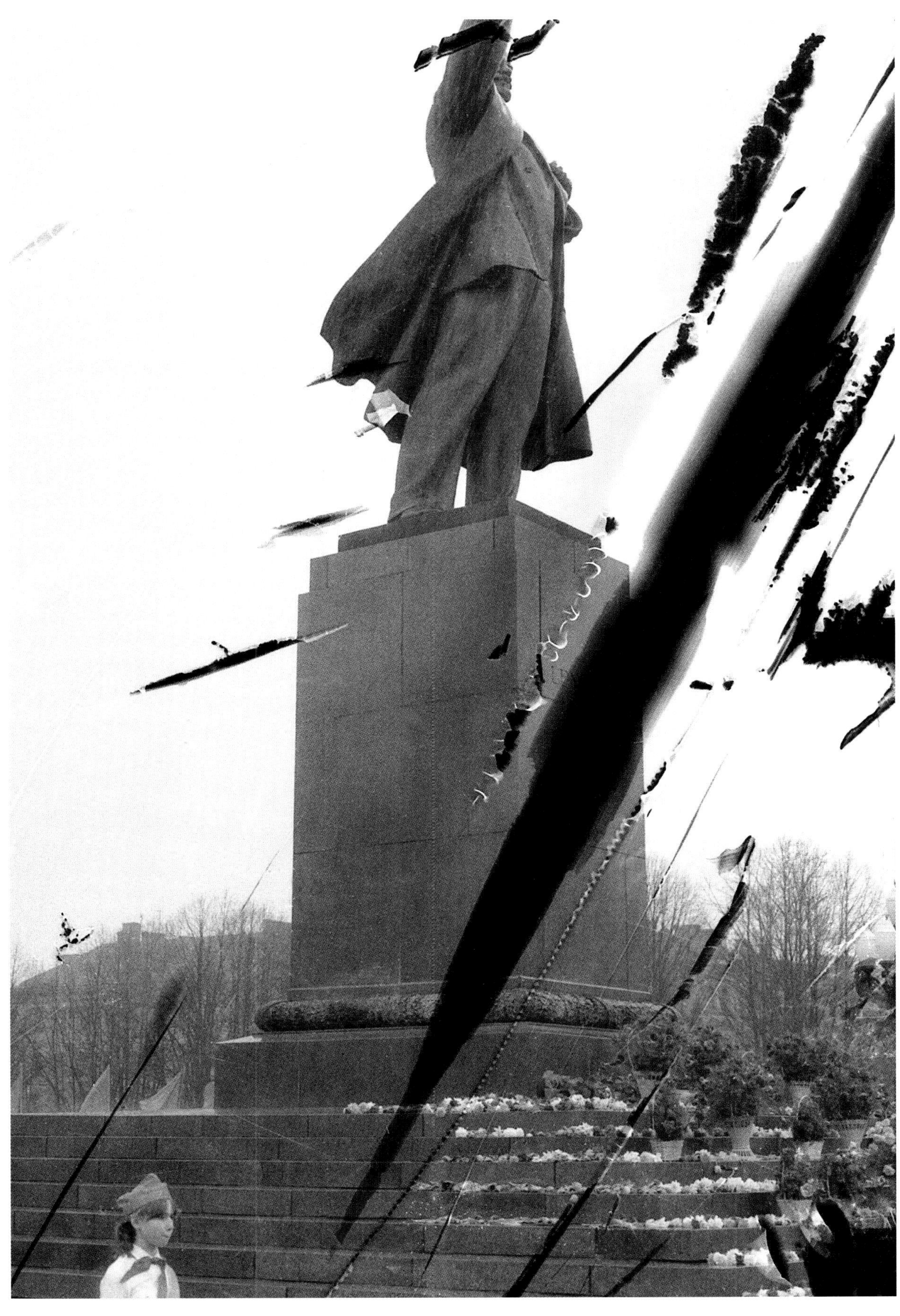

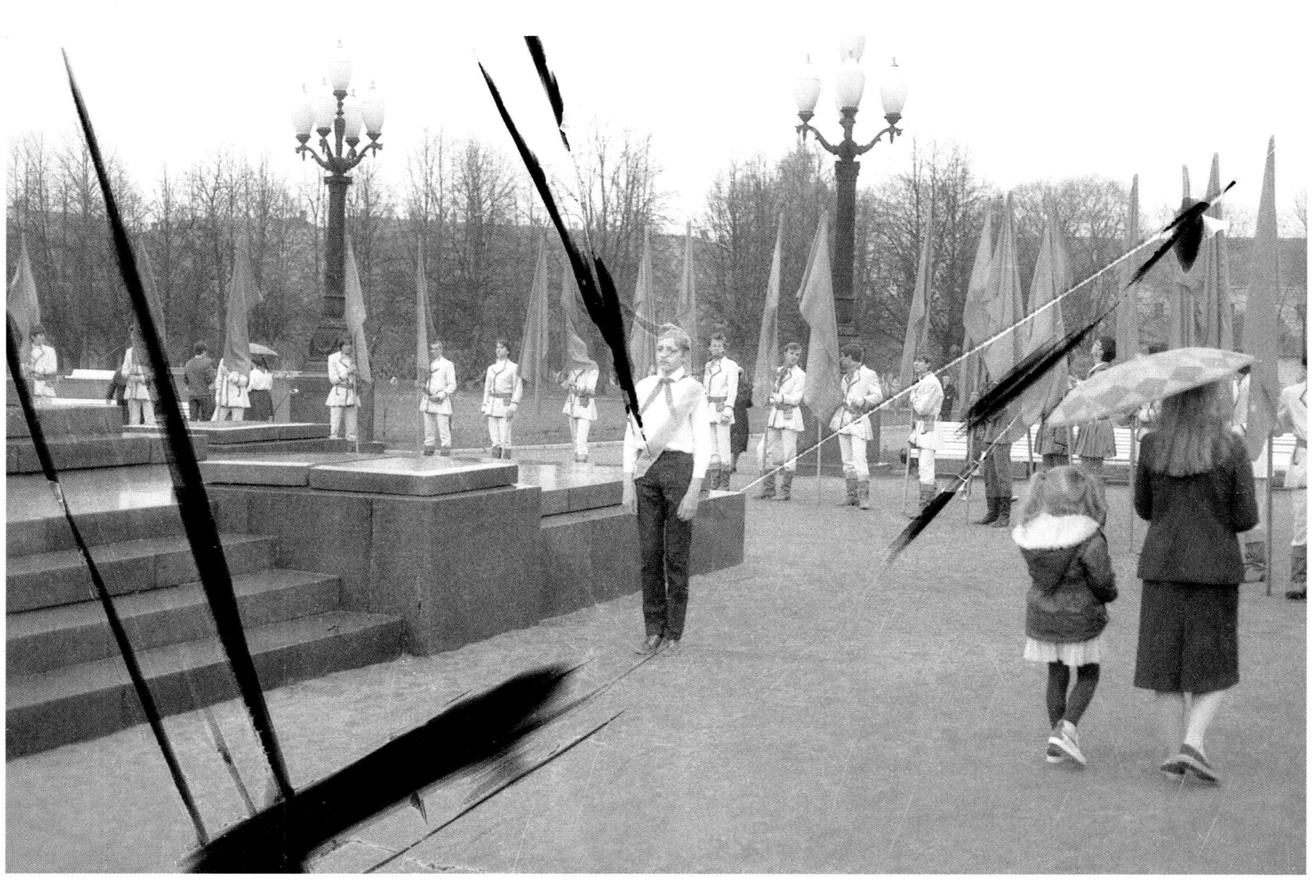

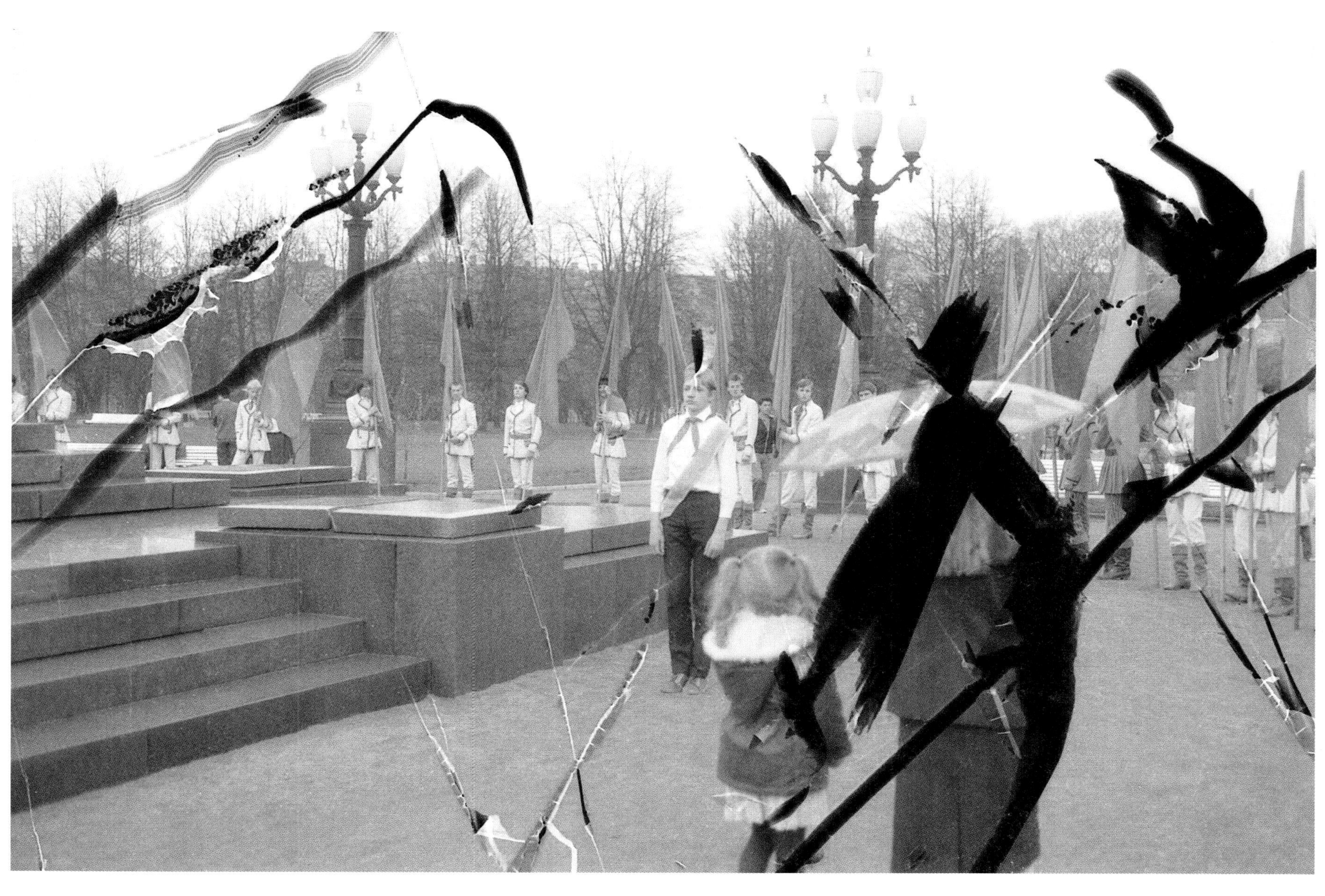

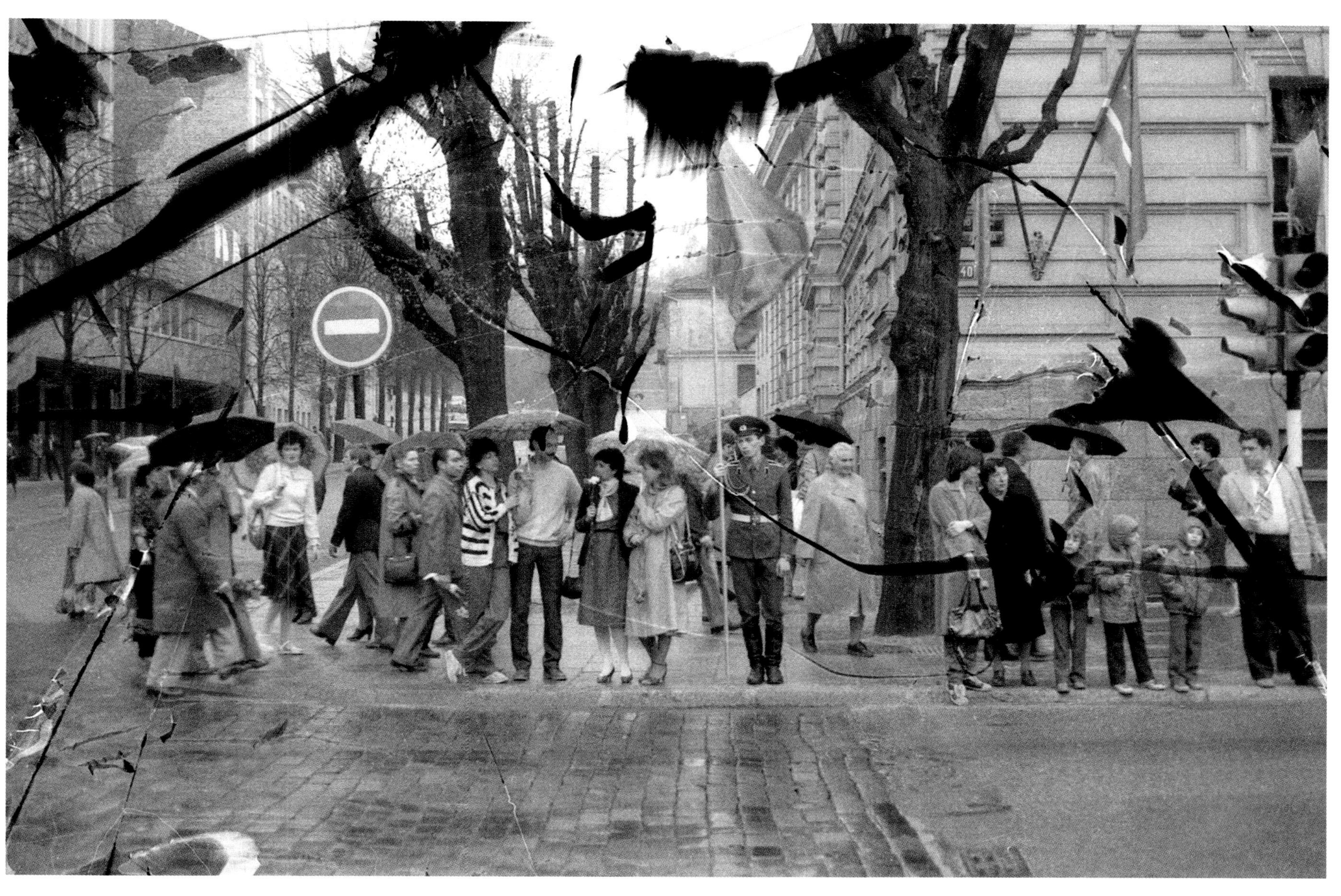

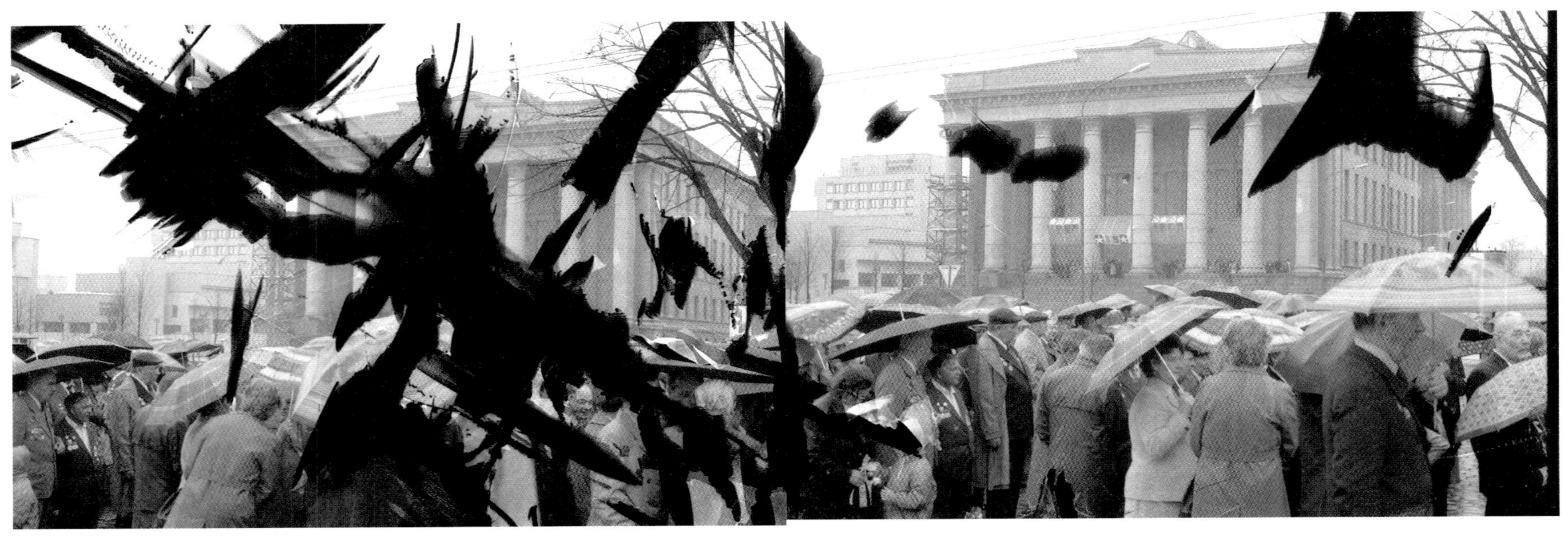

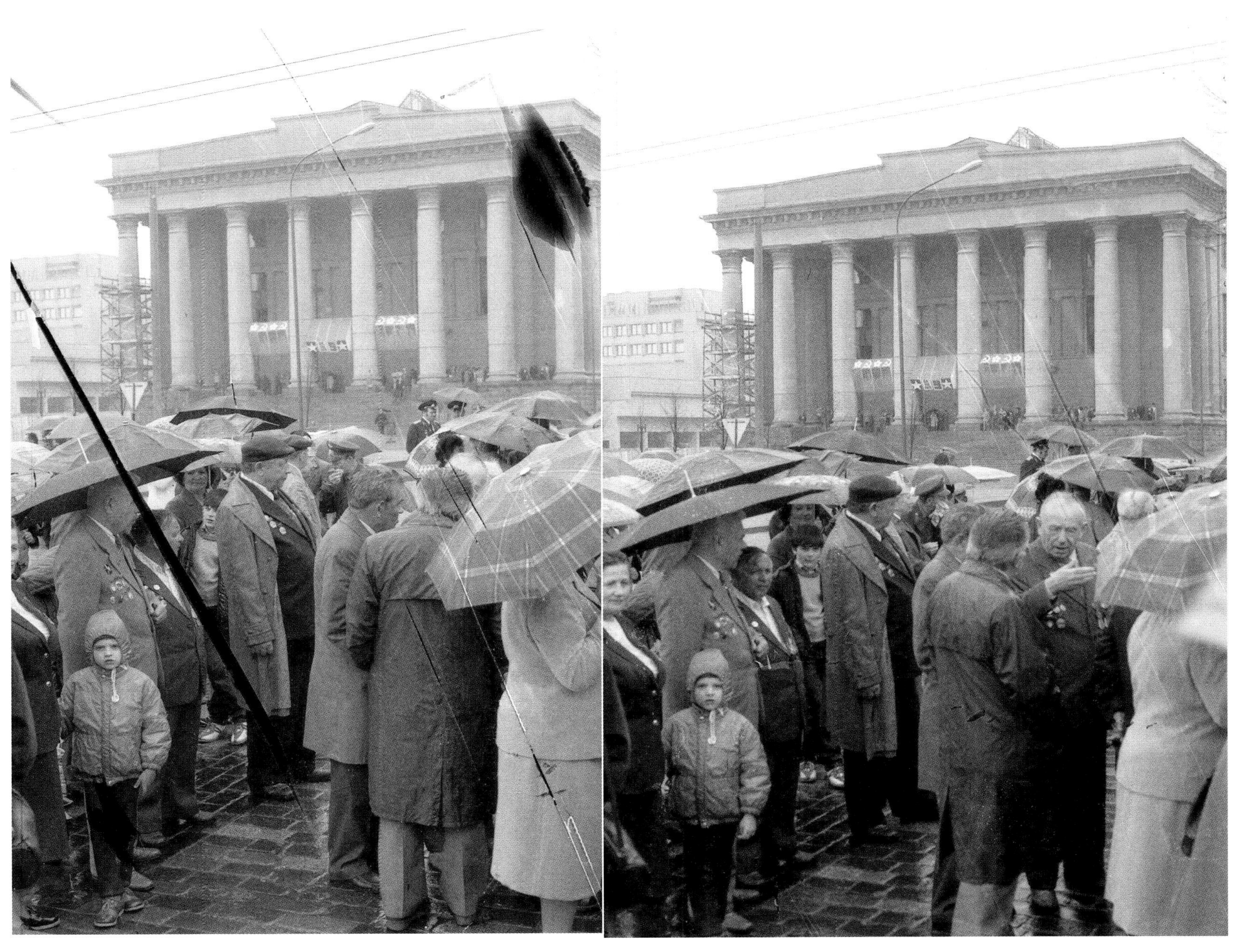

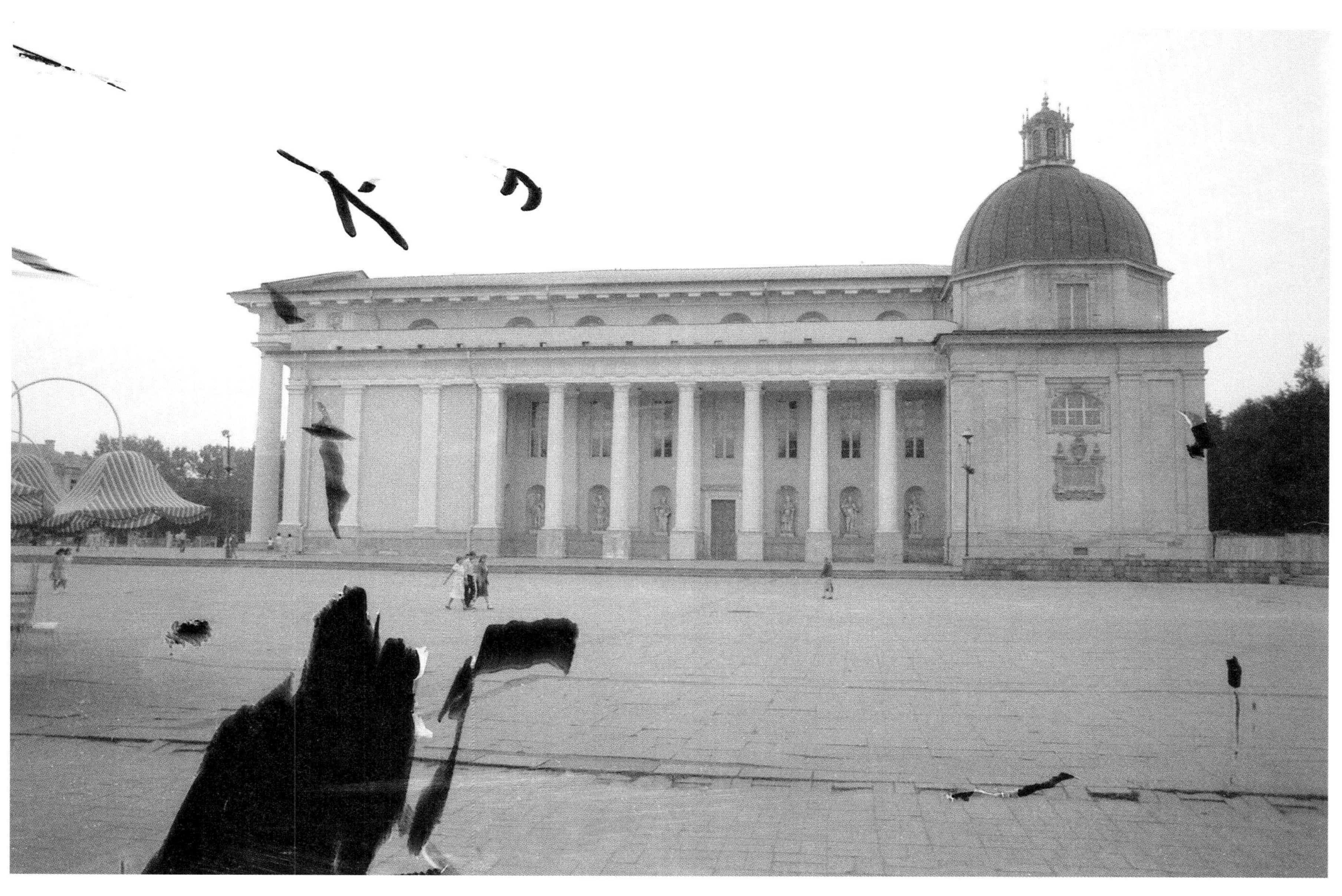

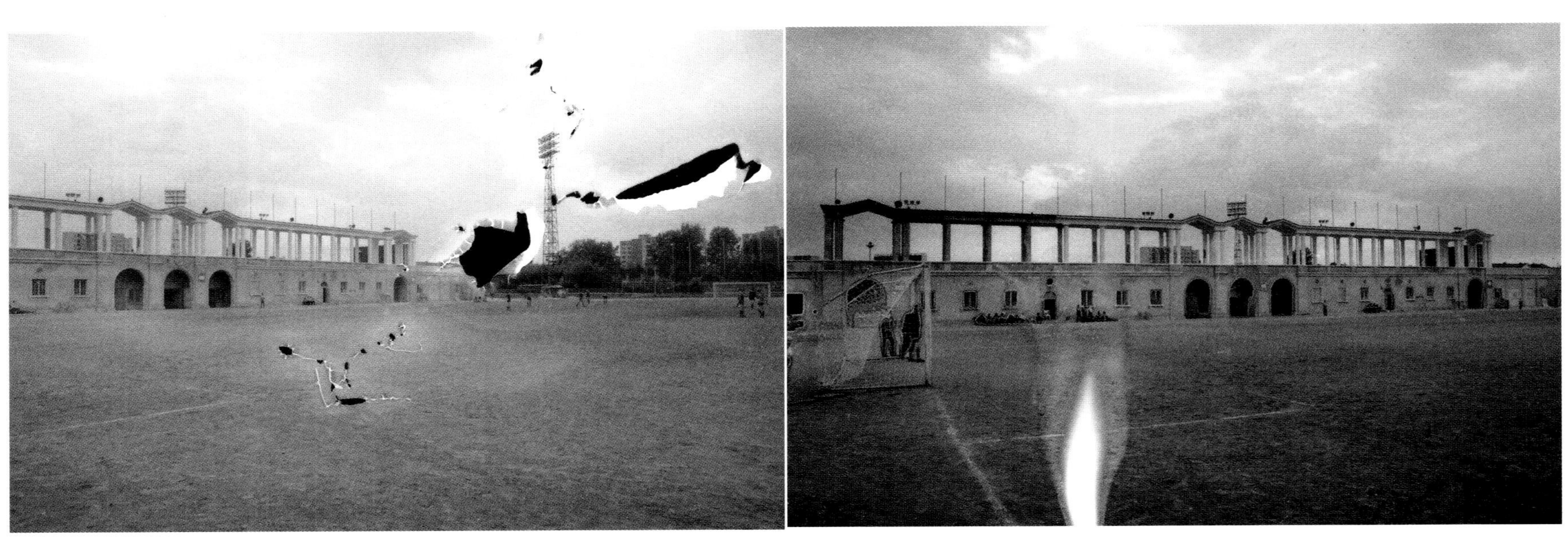

VARIACIJA BUVIMO IŠORĖJE TEMA

antra dalis švarus gyvenimas

ВАРИАЦИЯ НА ТЕМУ ПРЕБЫВАНИЯ СНАРУЖИ

вторая часть чистая жизнь

A VARIATION ON THE THEME OF BEING OUTSIDE

part two pure life

VARIATION ZUM THEMA DES DASEINS AUSSERHALB

zweiter Teil pures Leben

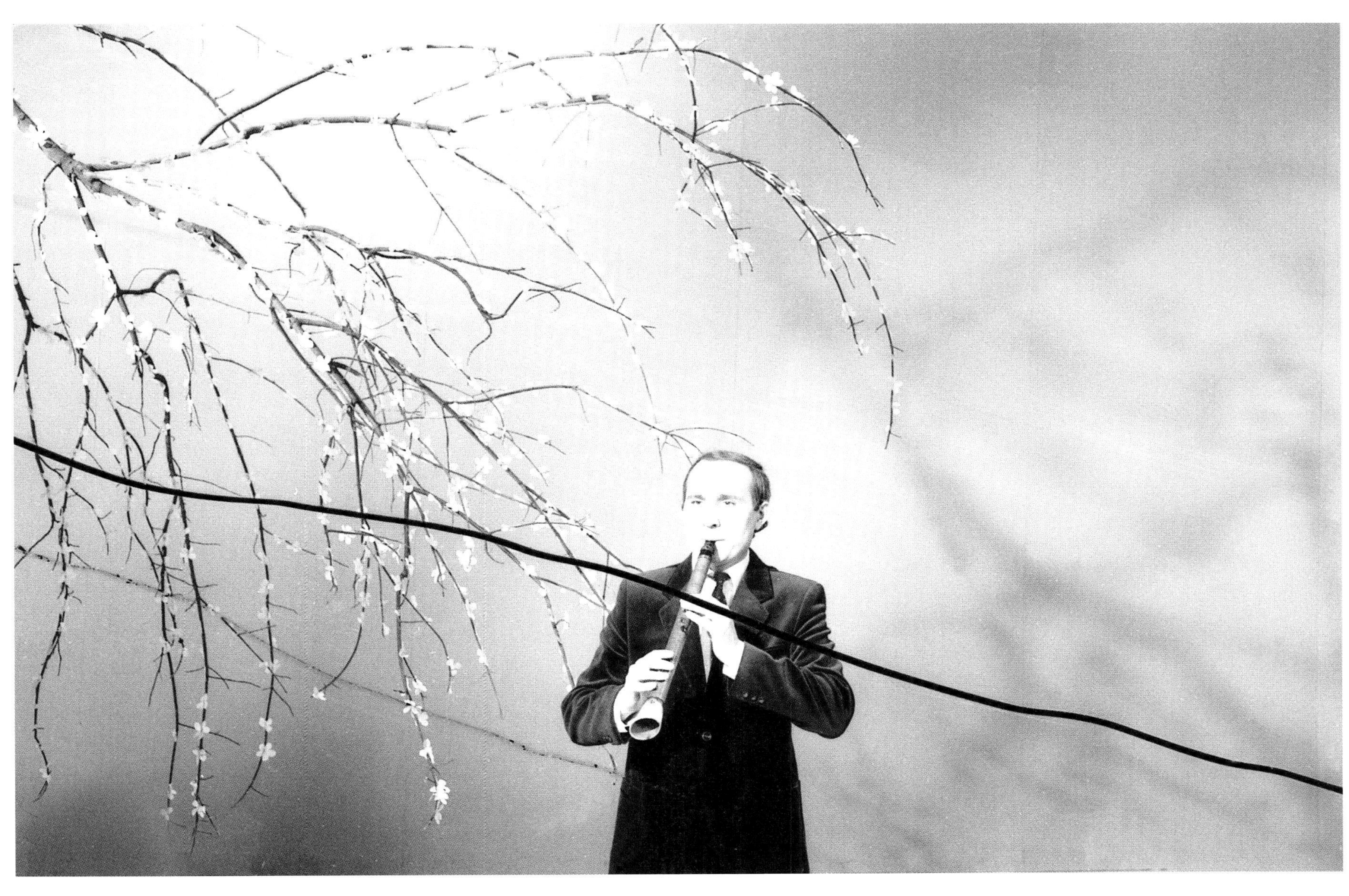

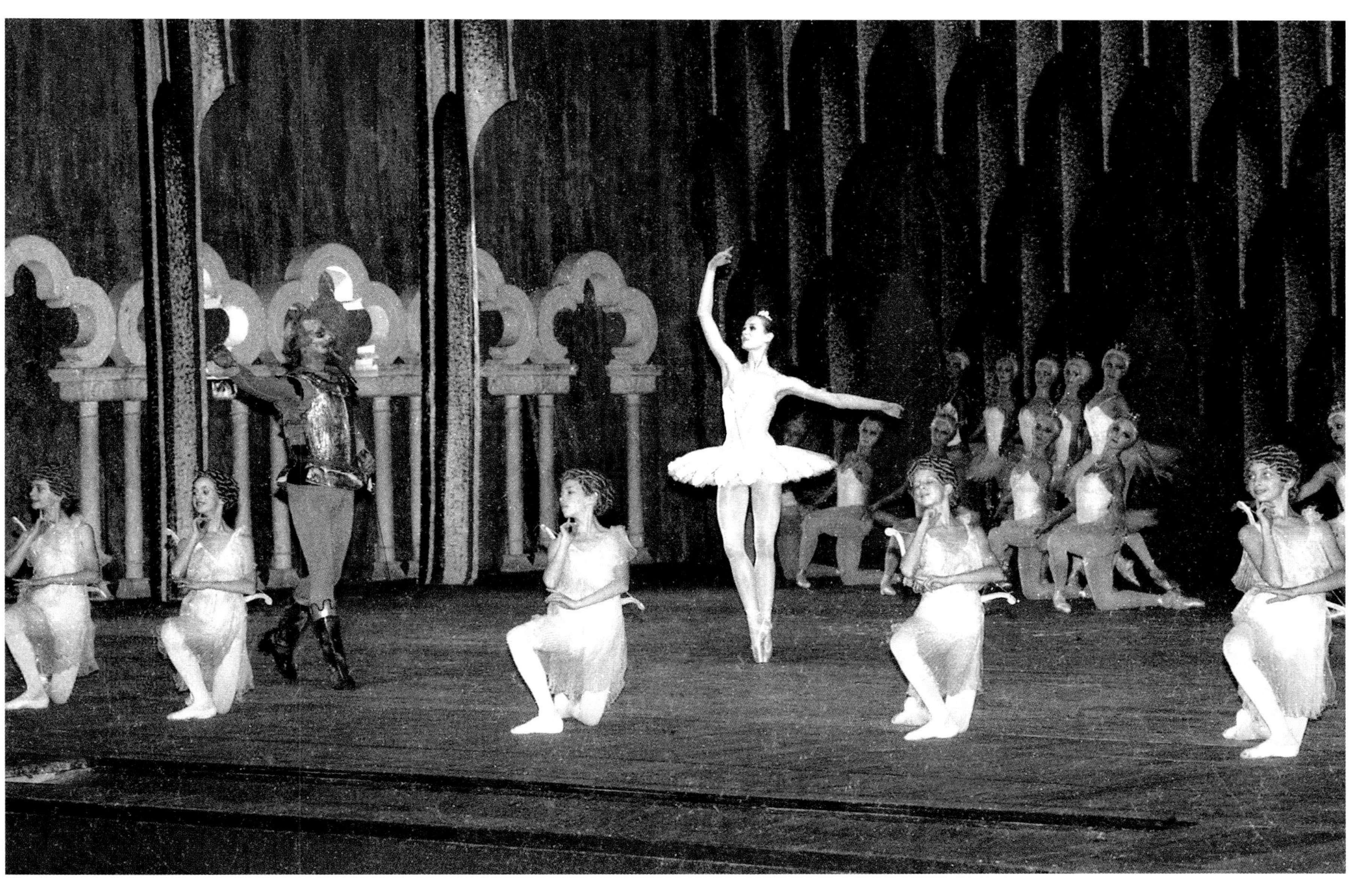

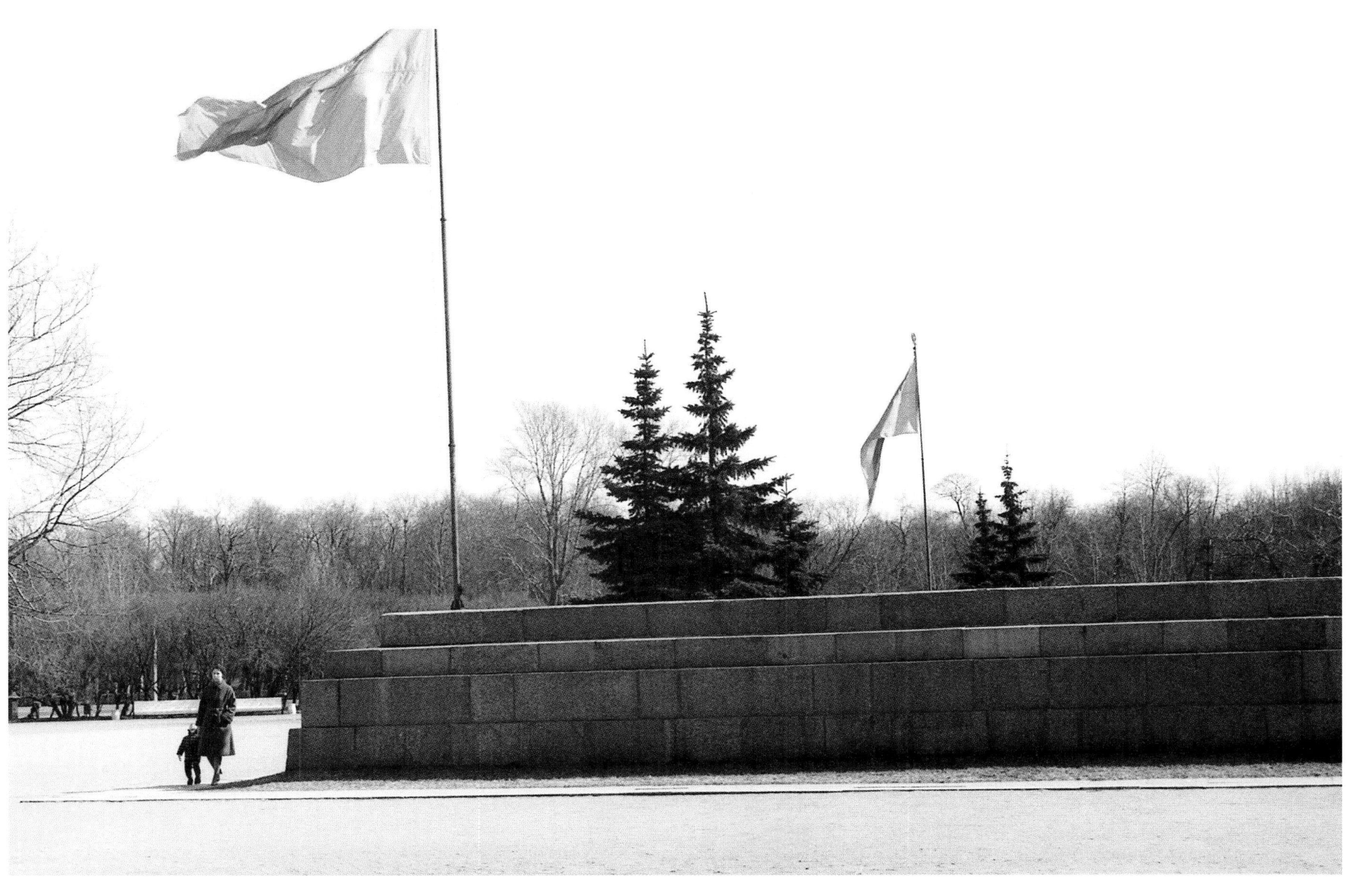

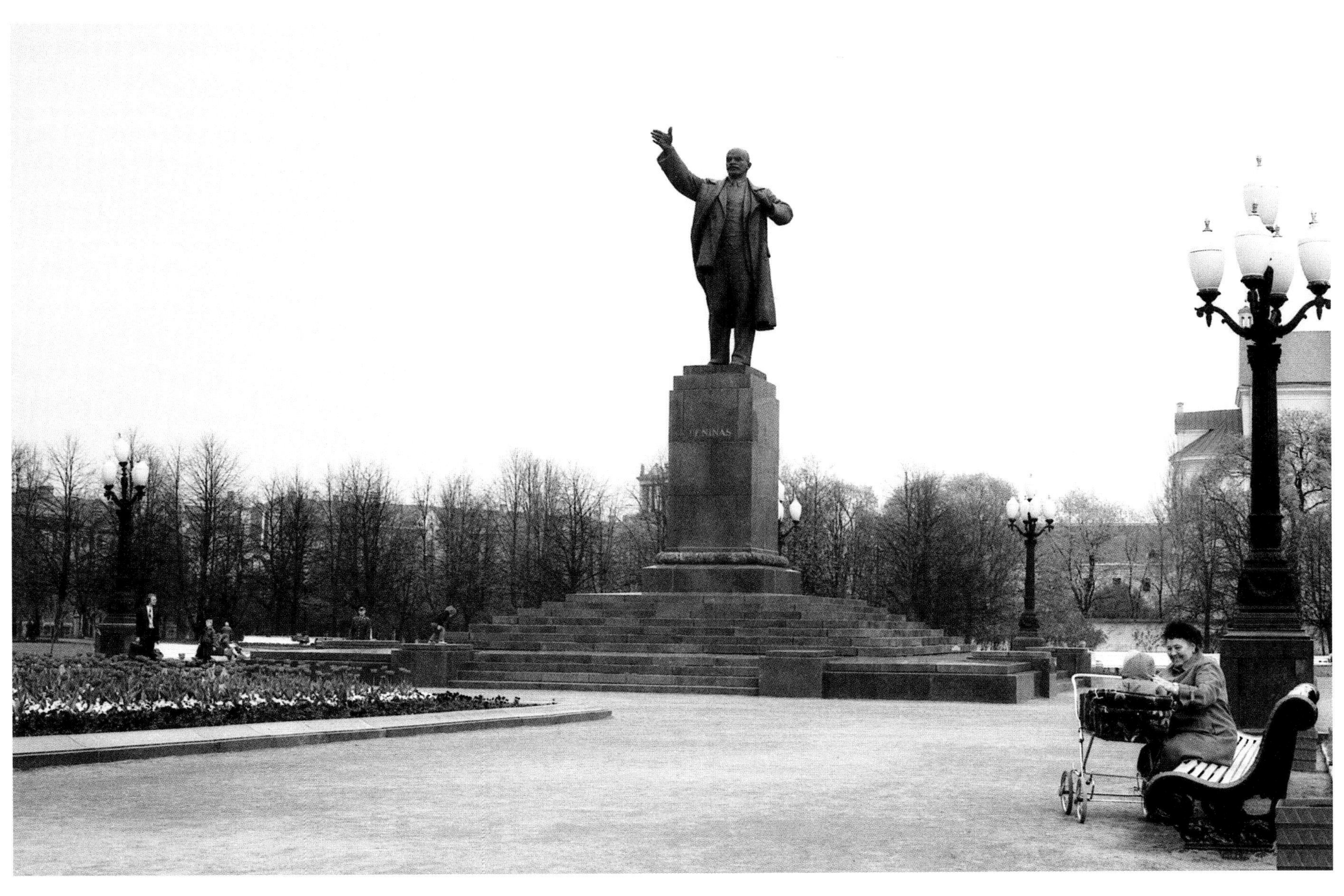

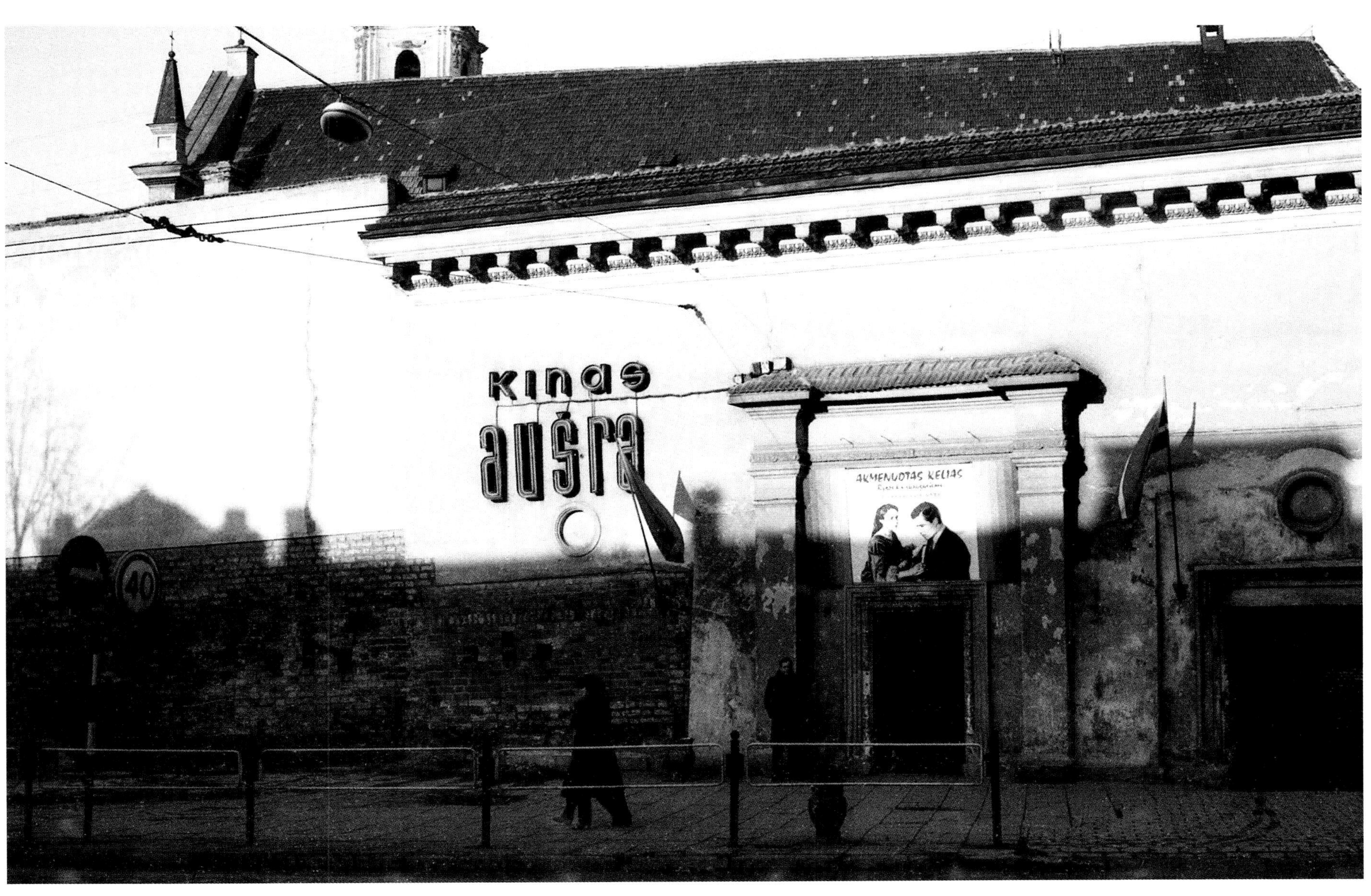
Kinas
aušra
AKMENUOTAS KELIAS
40

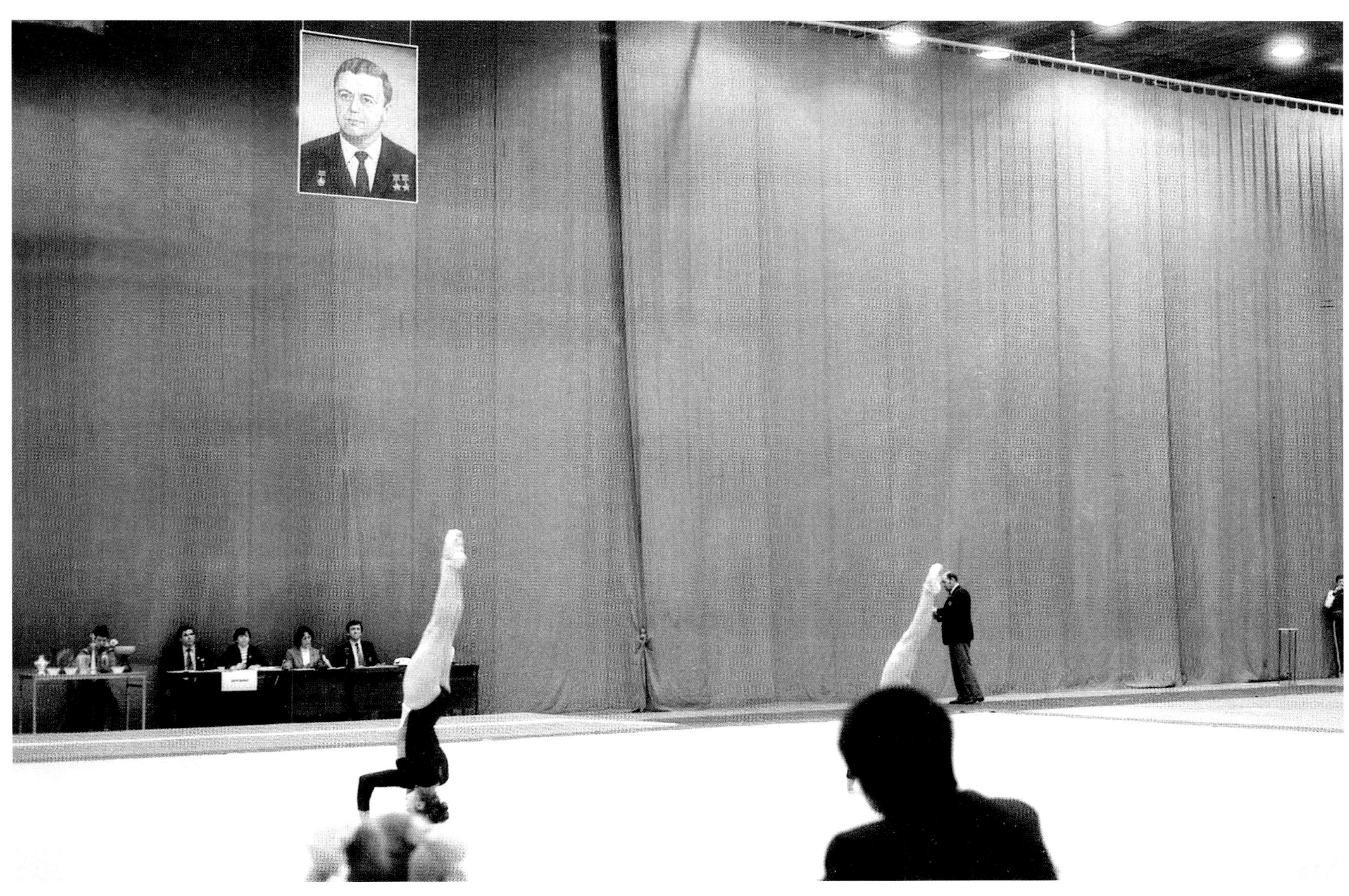

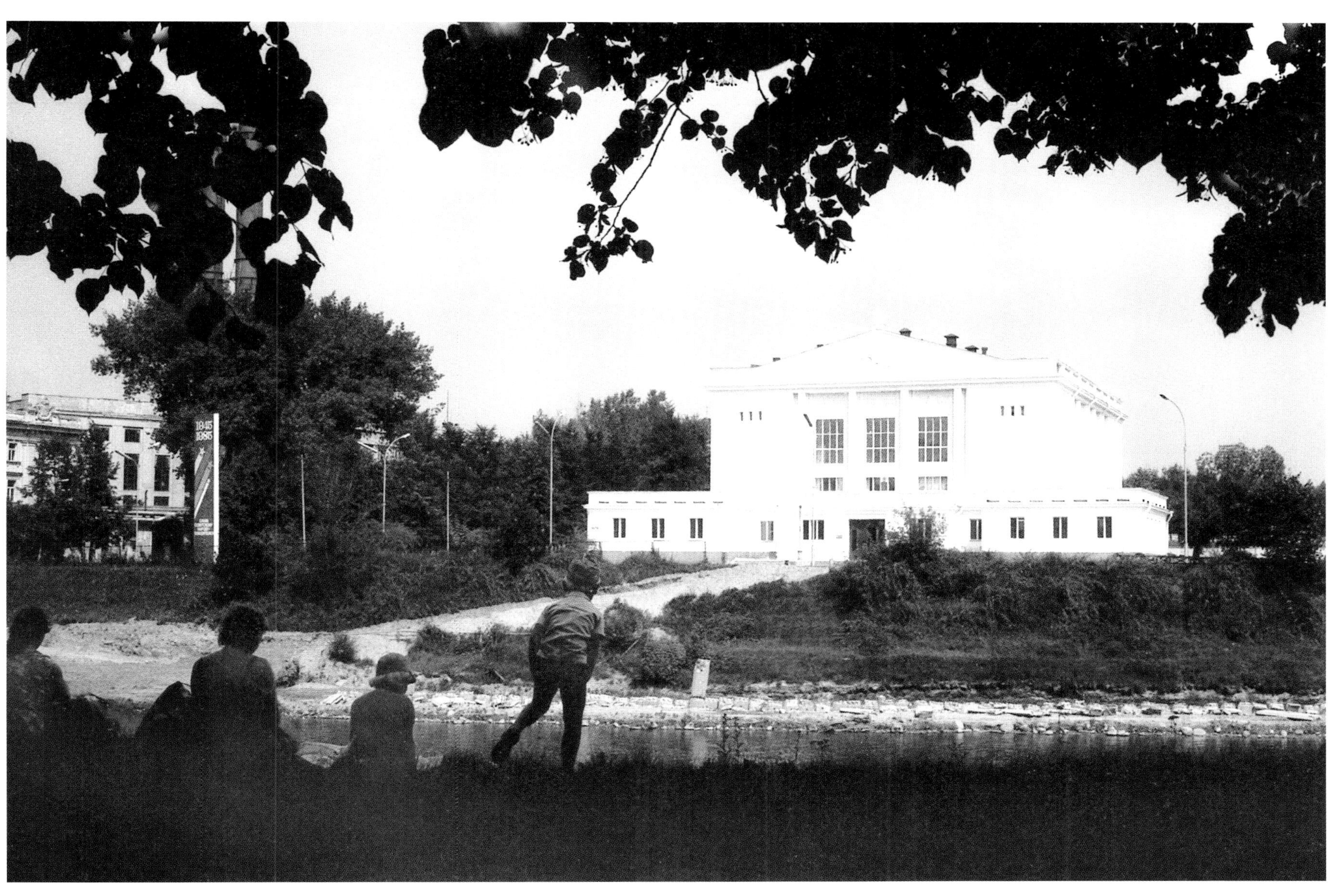

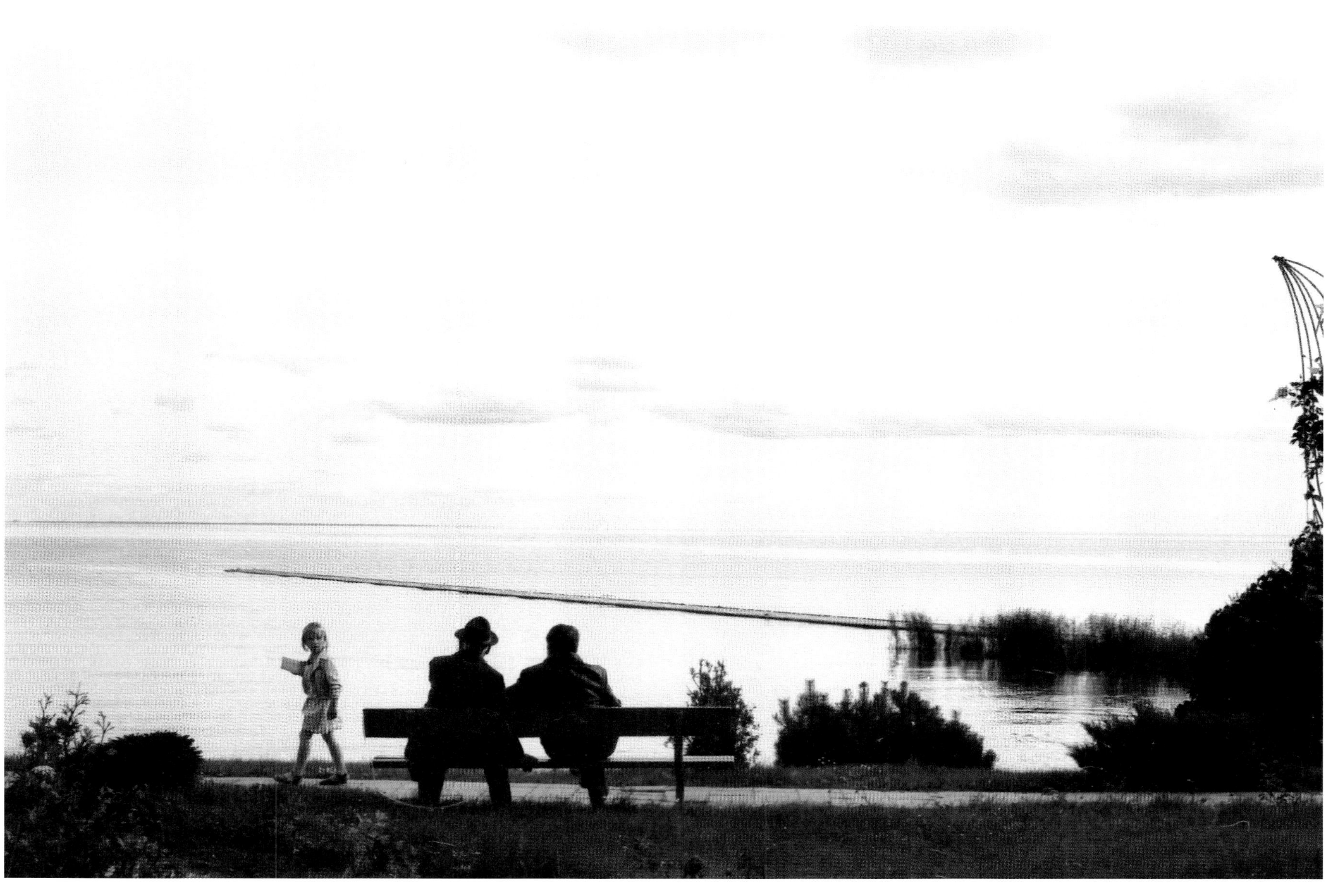

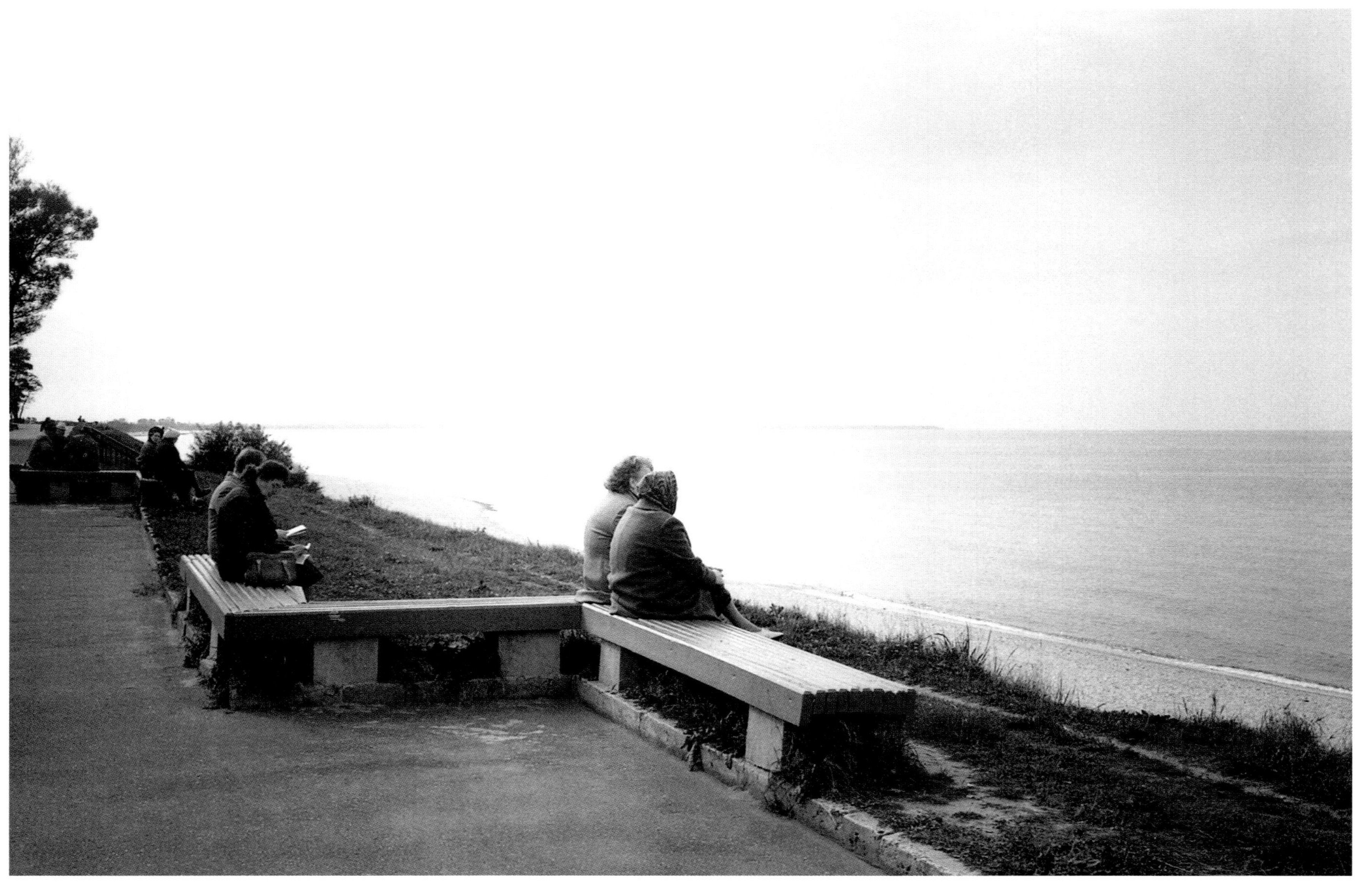

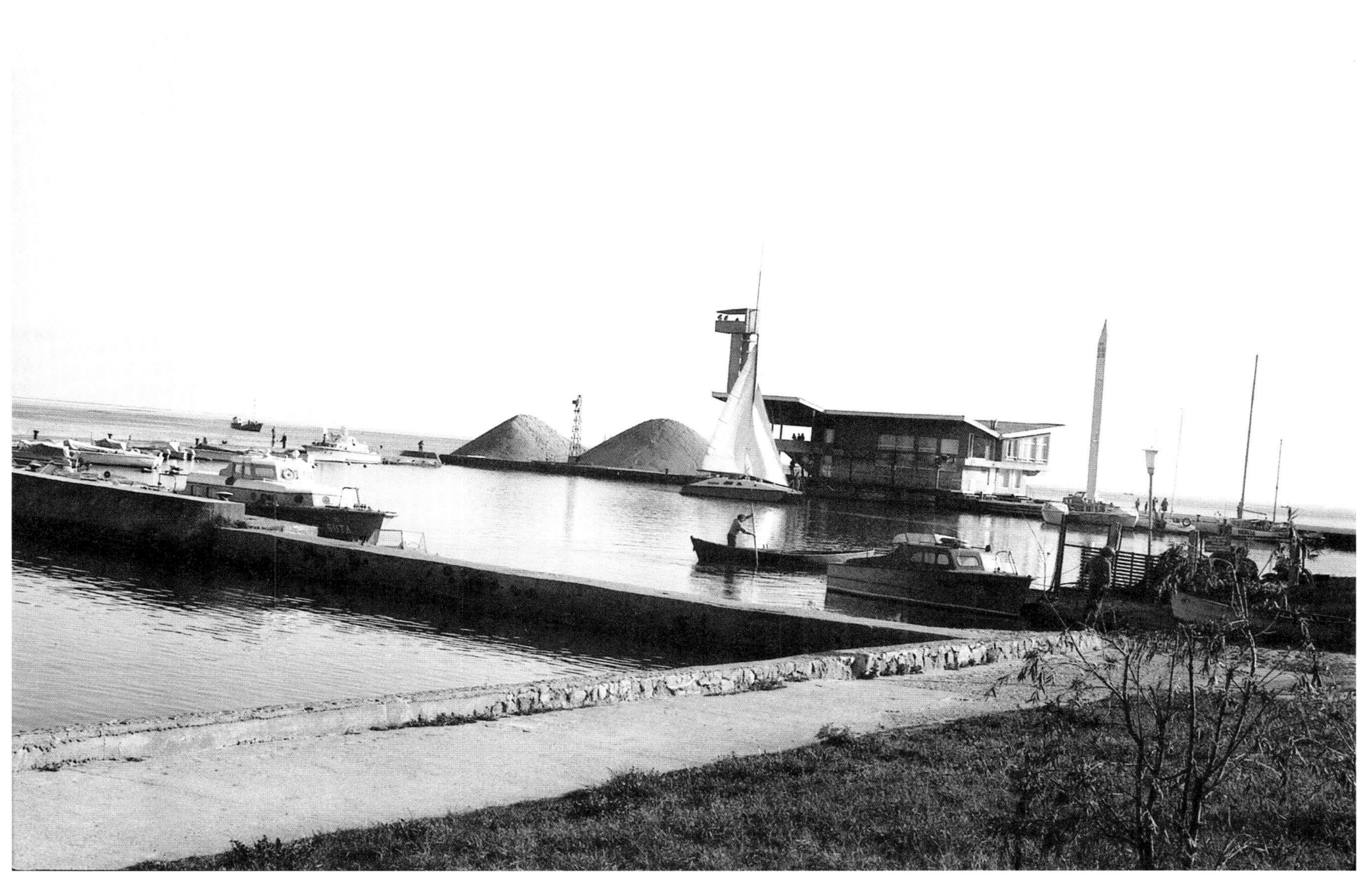

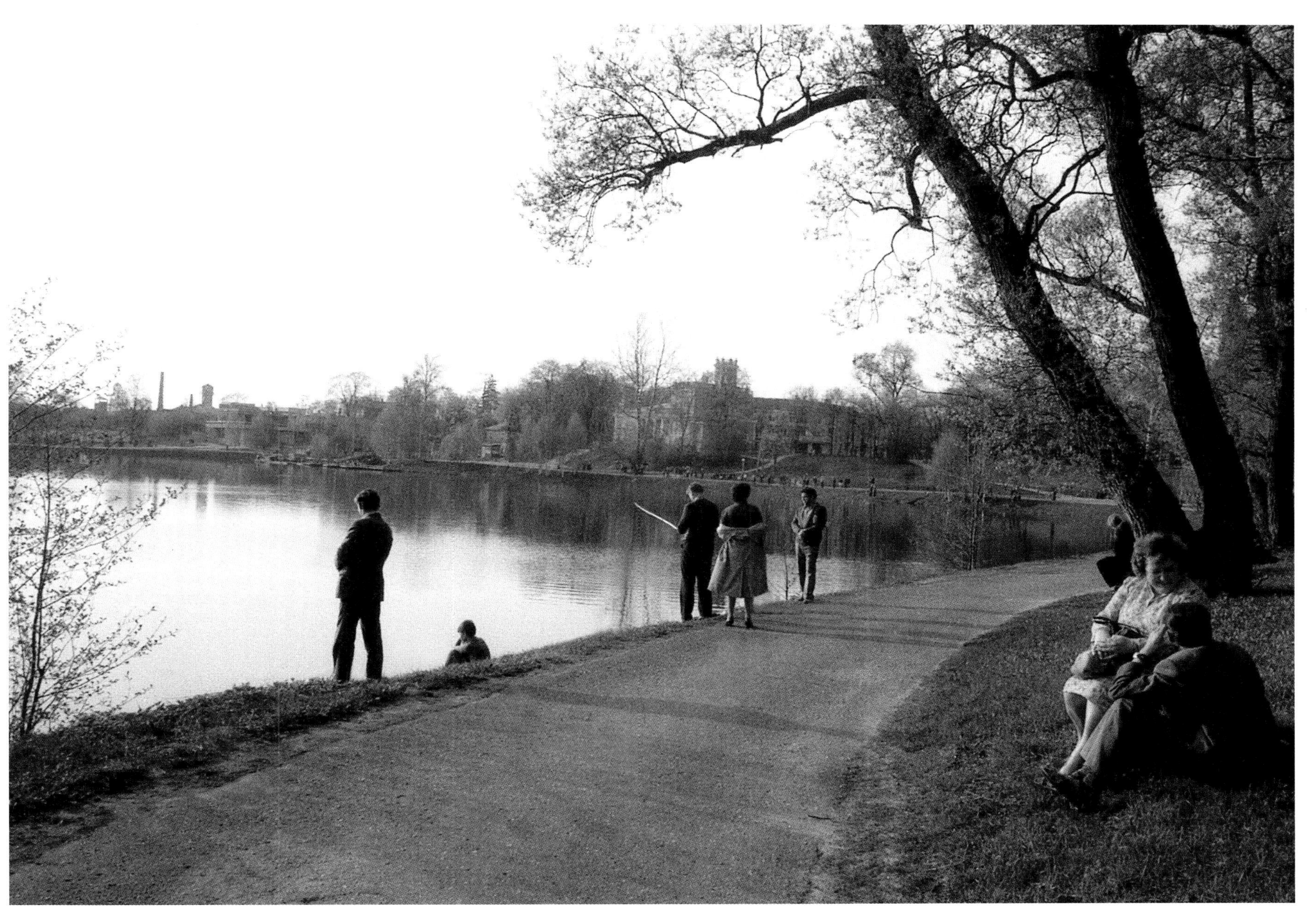

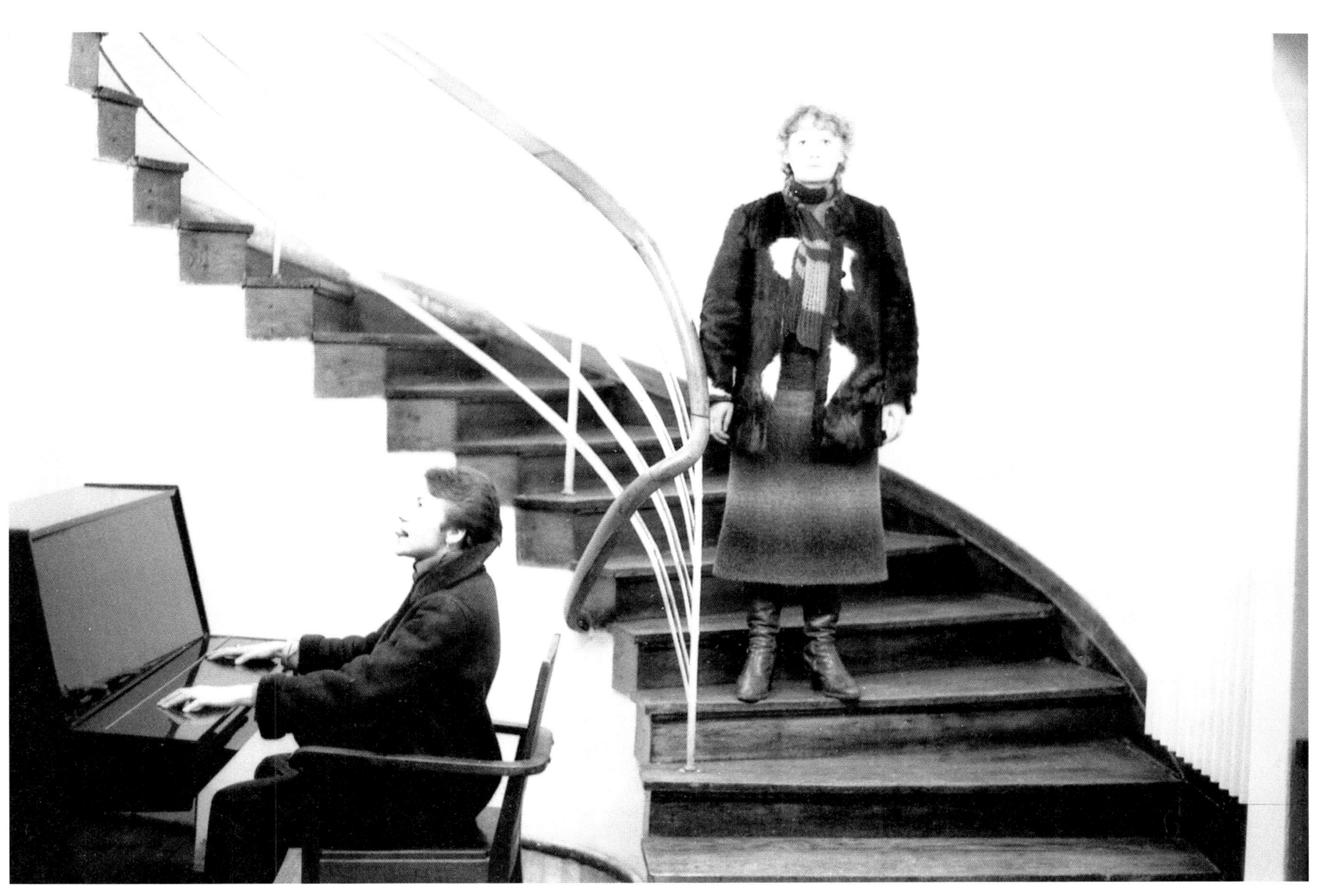

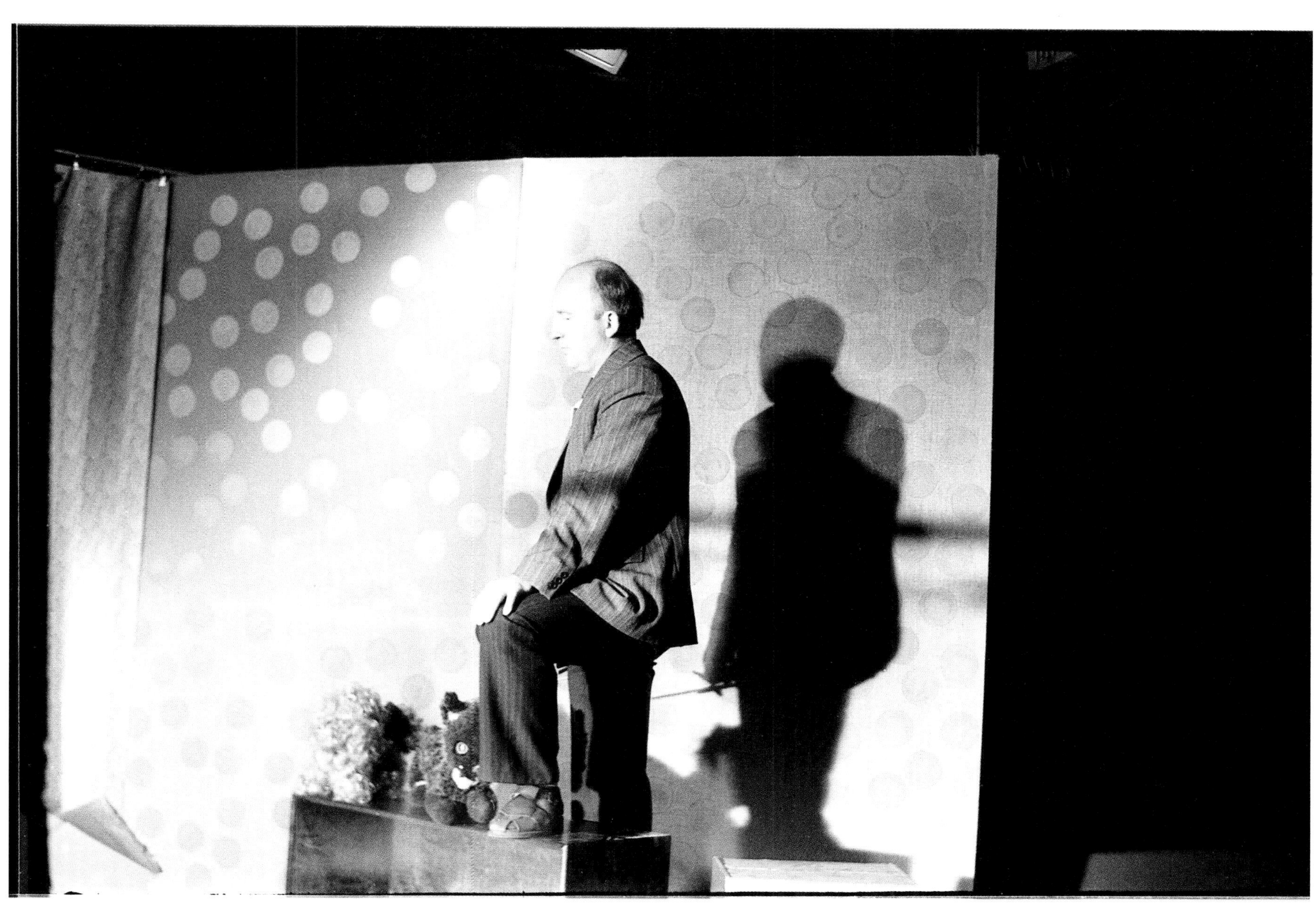

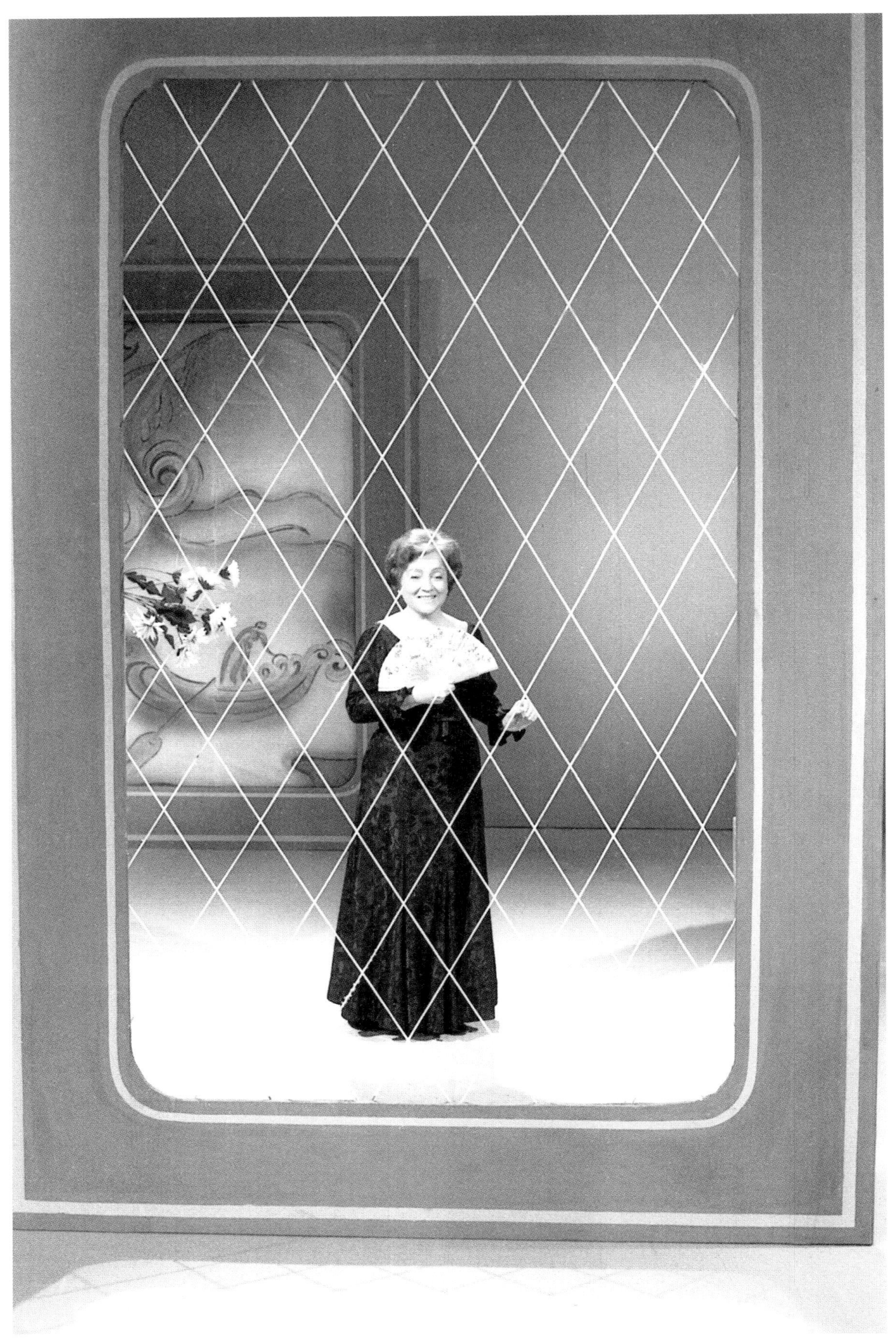

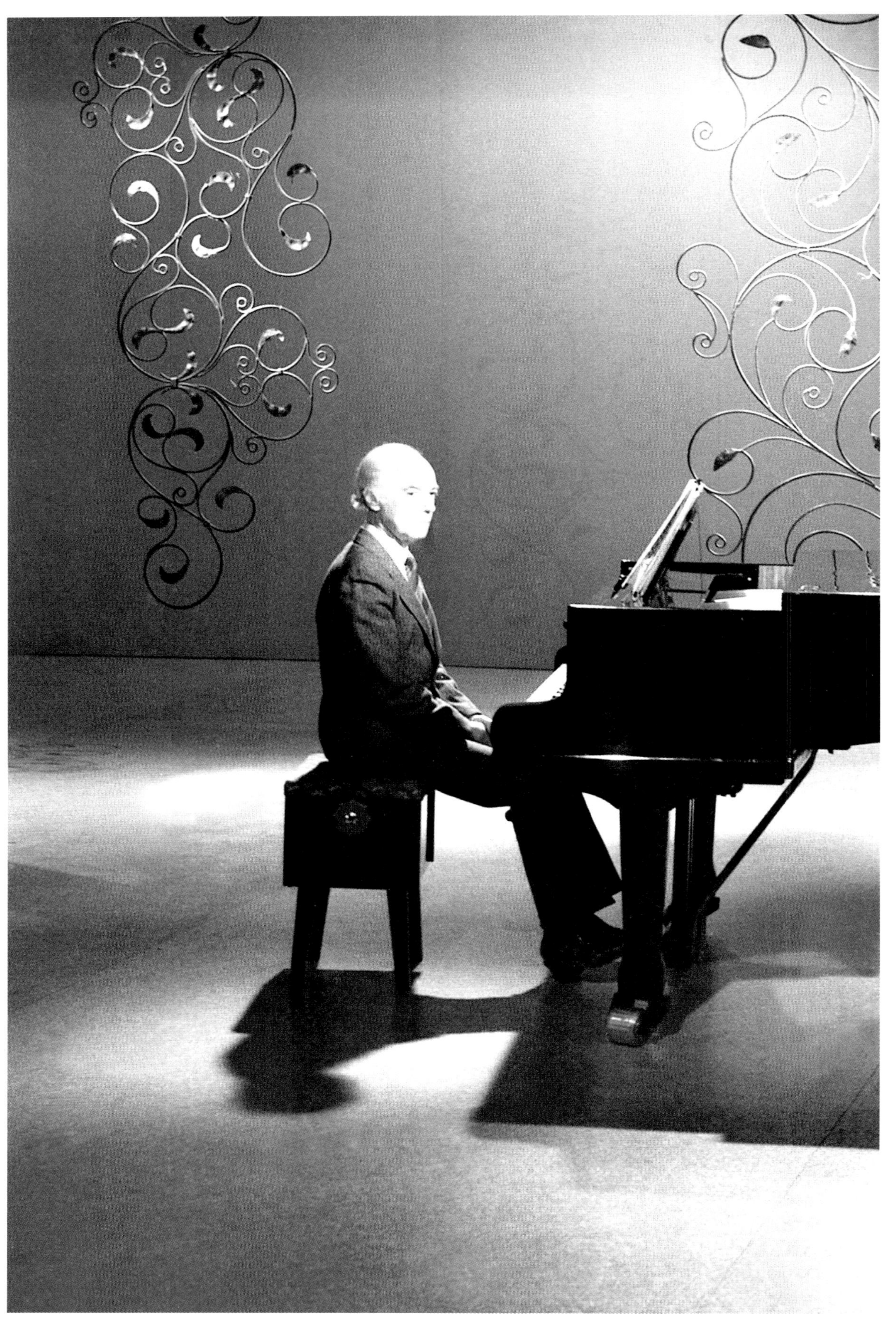

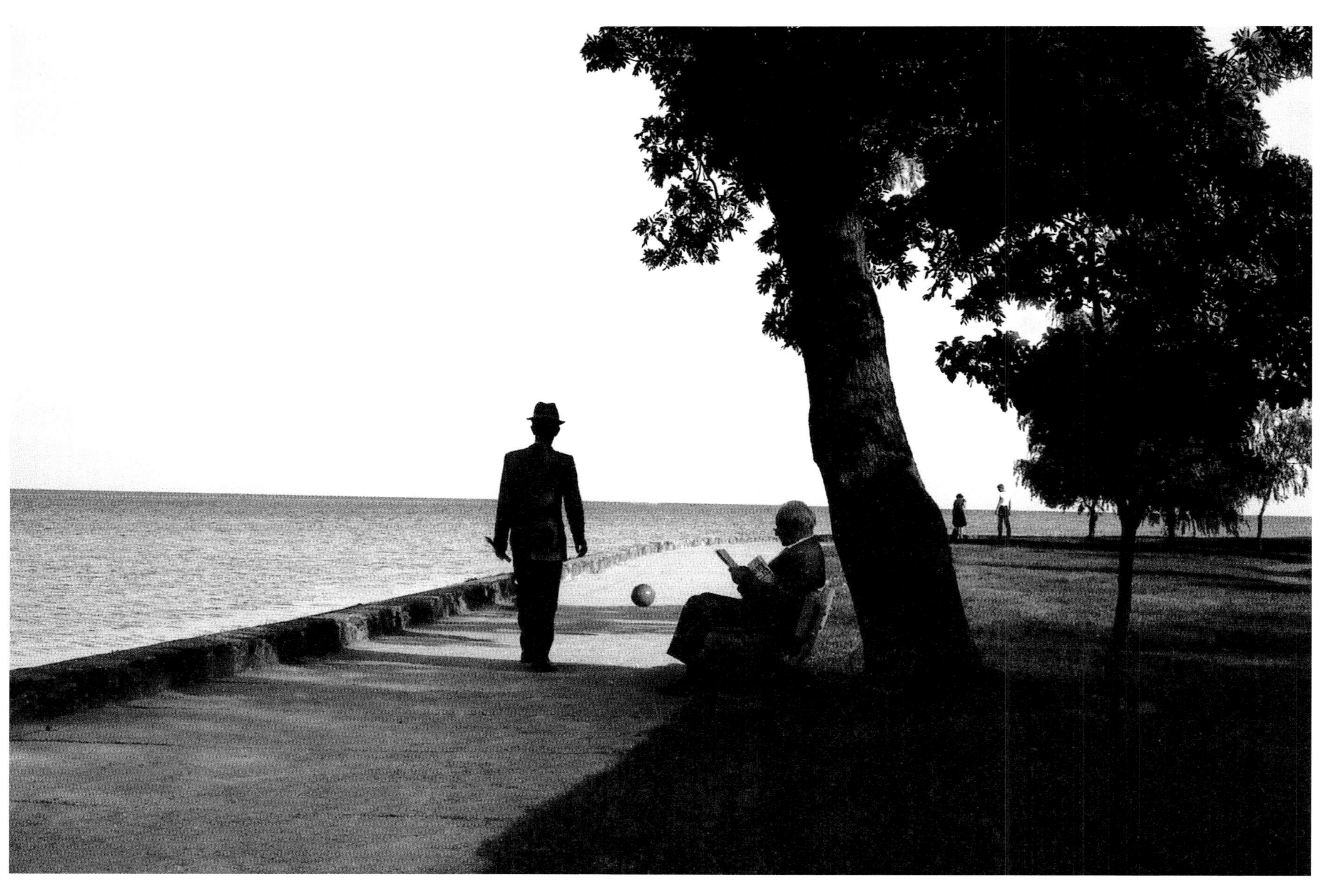

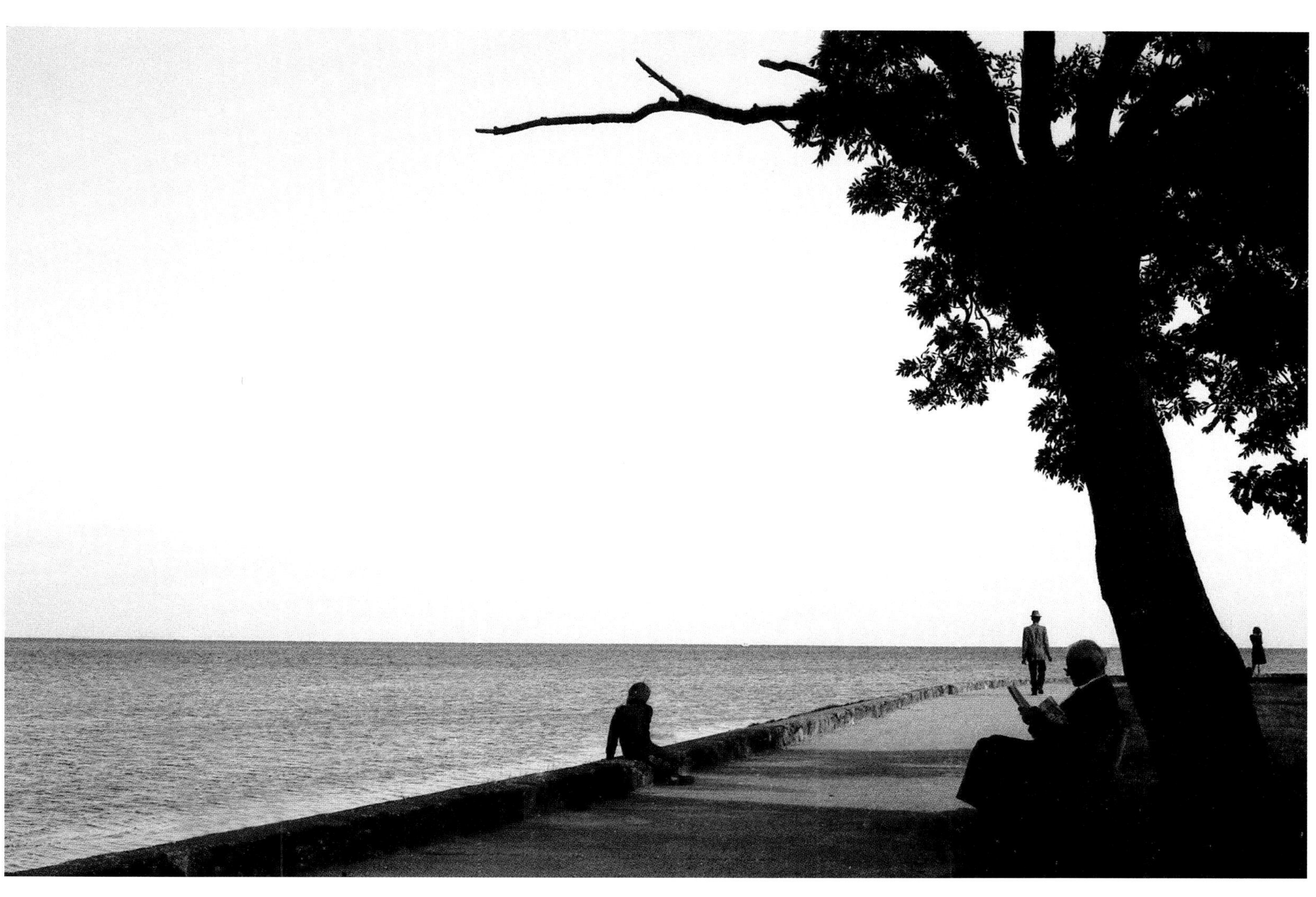

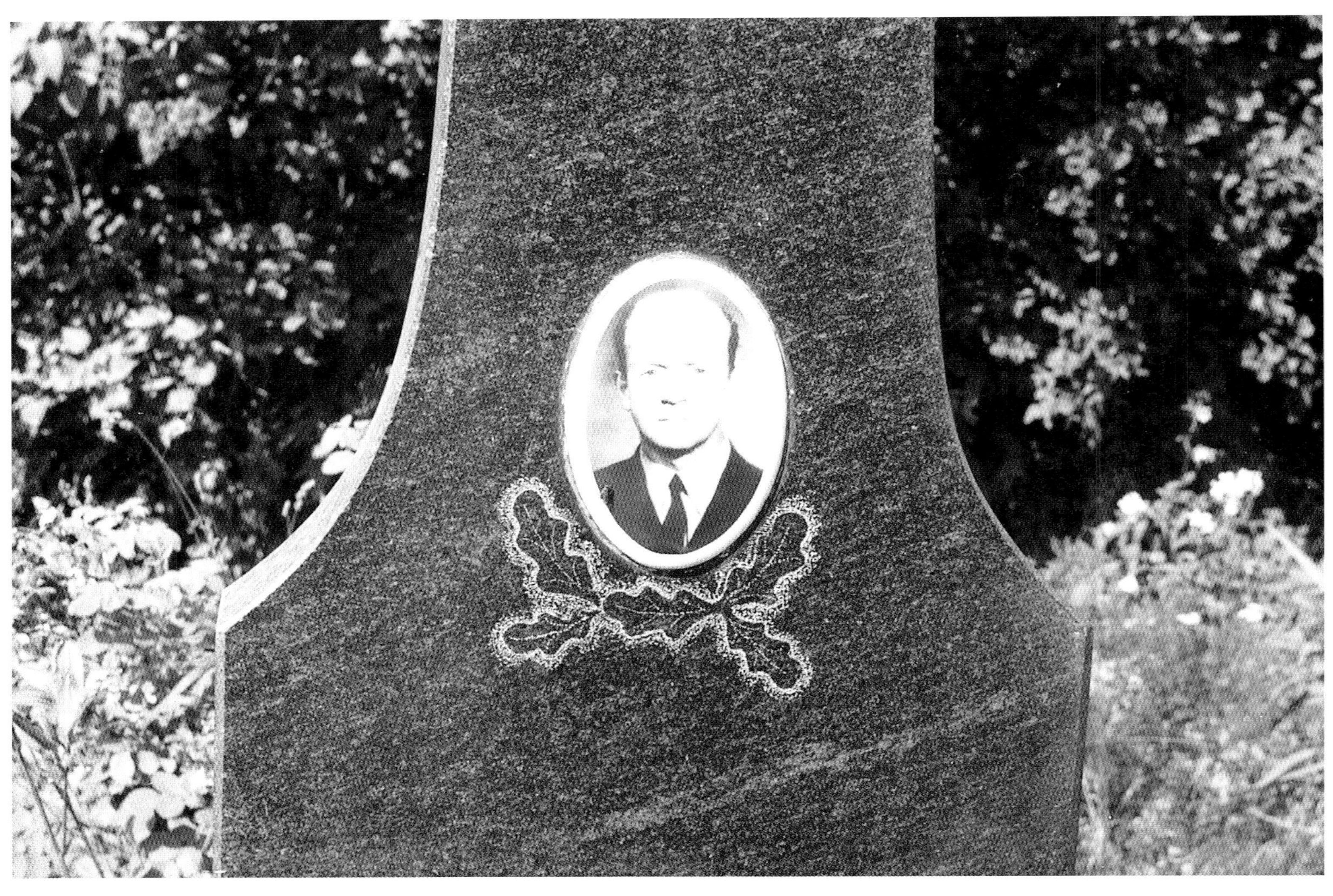

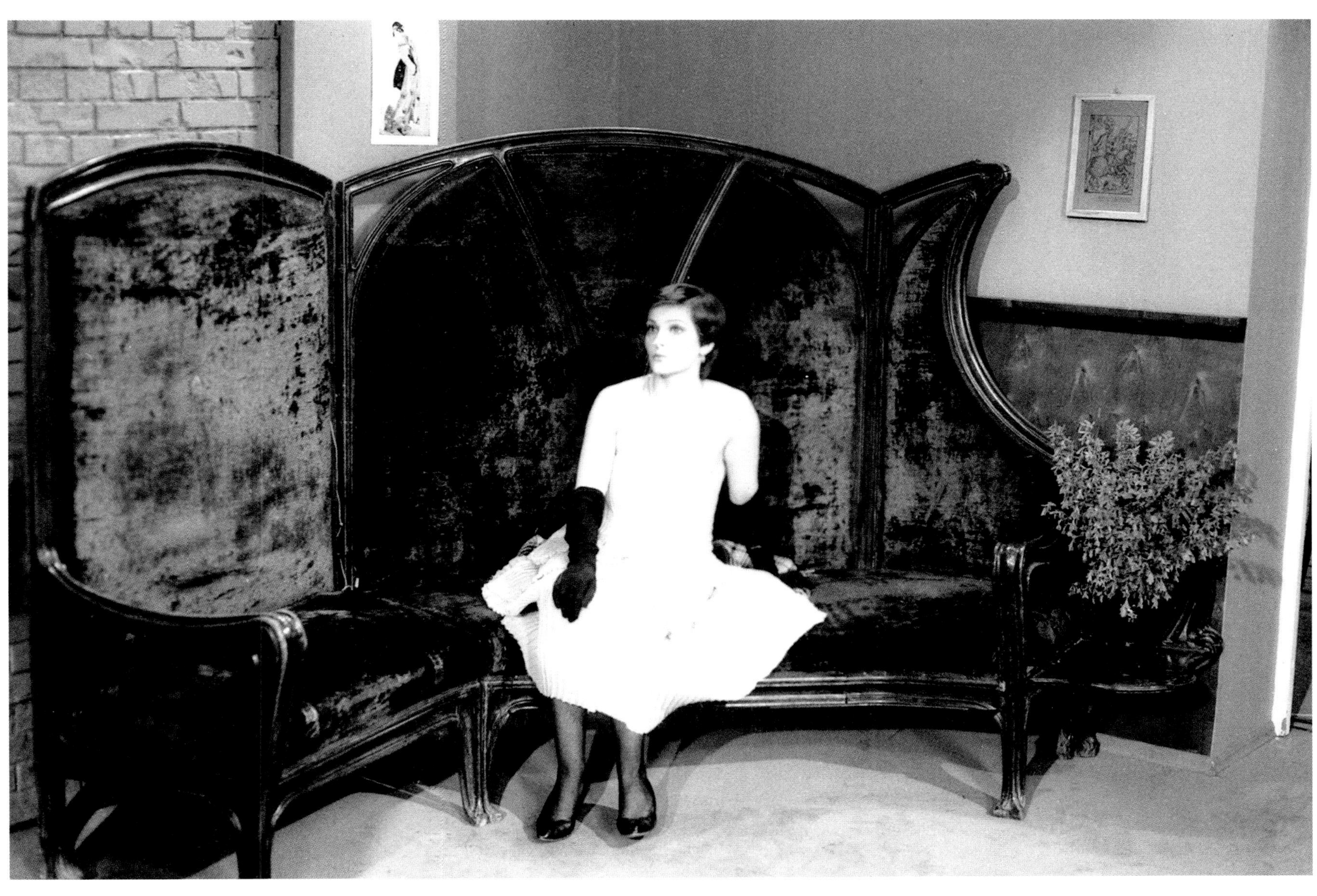

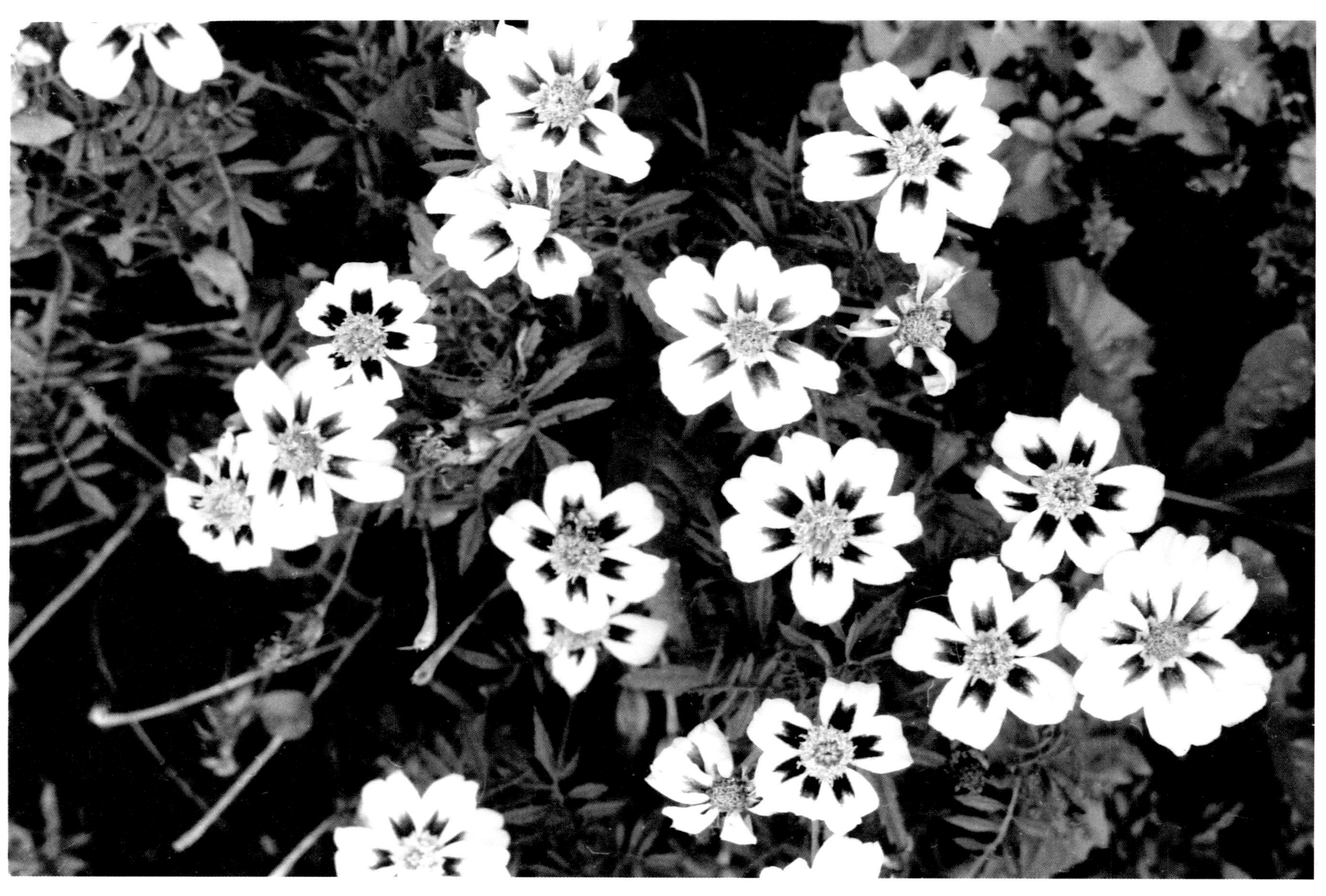

VARIACIJA BUVIMO IŠORĖJE TEMA

trečia dalis **mėlyna**

ВАРИАЦИЯ НА ТЕМУ ПРЕБЫВАНИЯ СНАРУЖИ

третяя часть **сине**

A VARIATION ON THE THEME OF BEING OUTSIDE

part three **blue**

VARIATION ZUM THEMA DES DASEINS AUSSERHALB

dritter Teil **das Blaue**

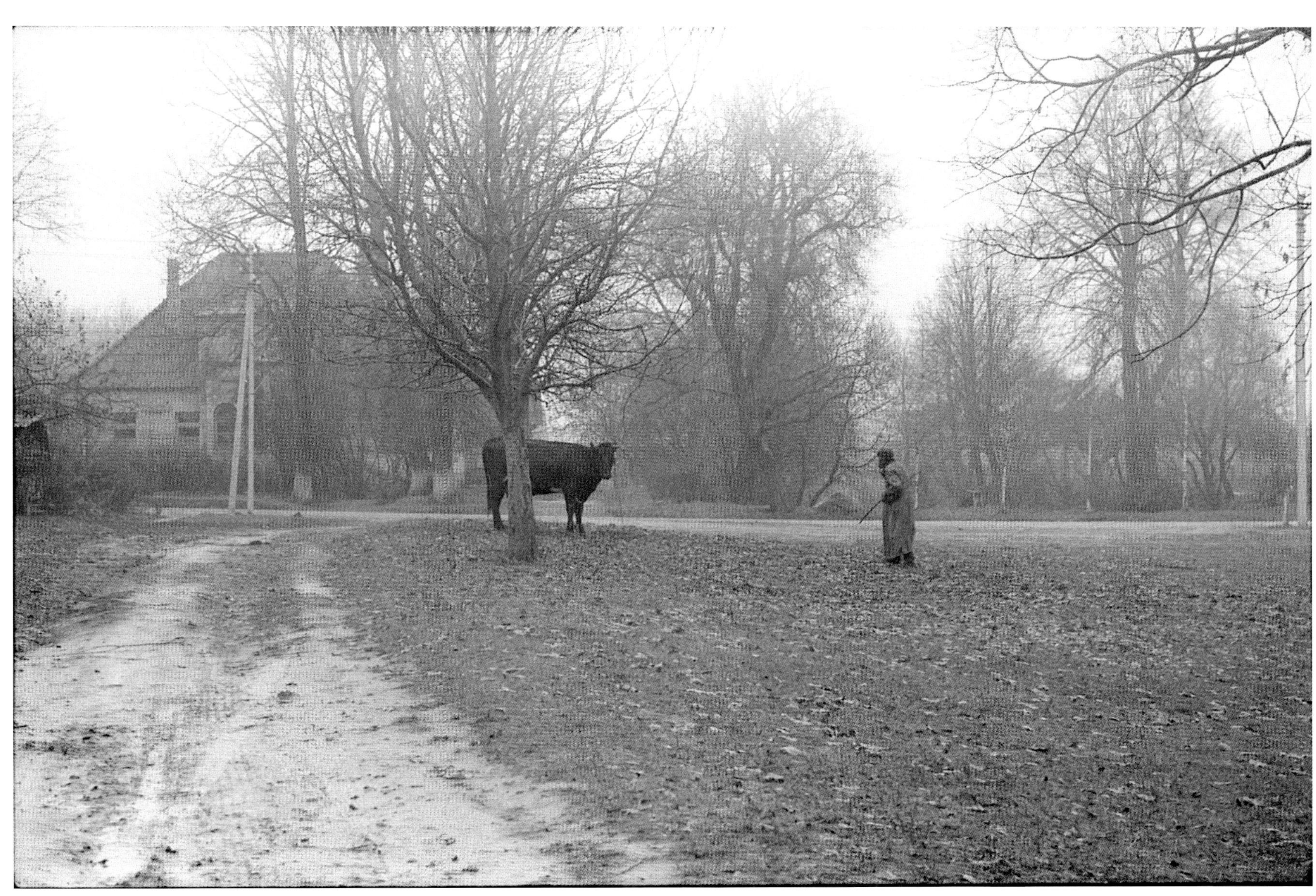

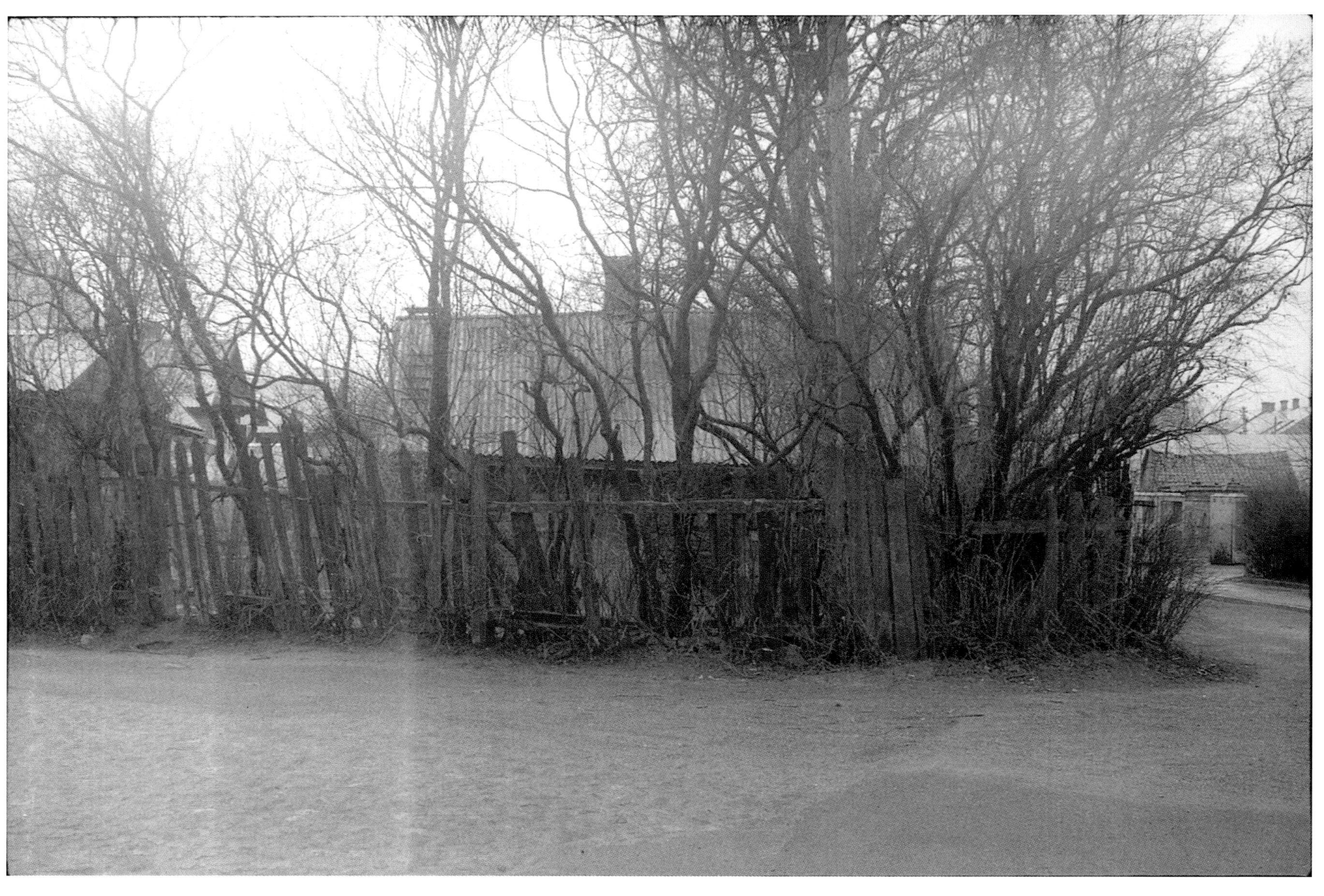

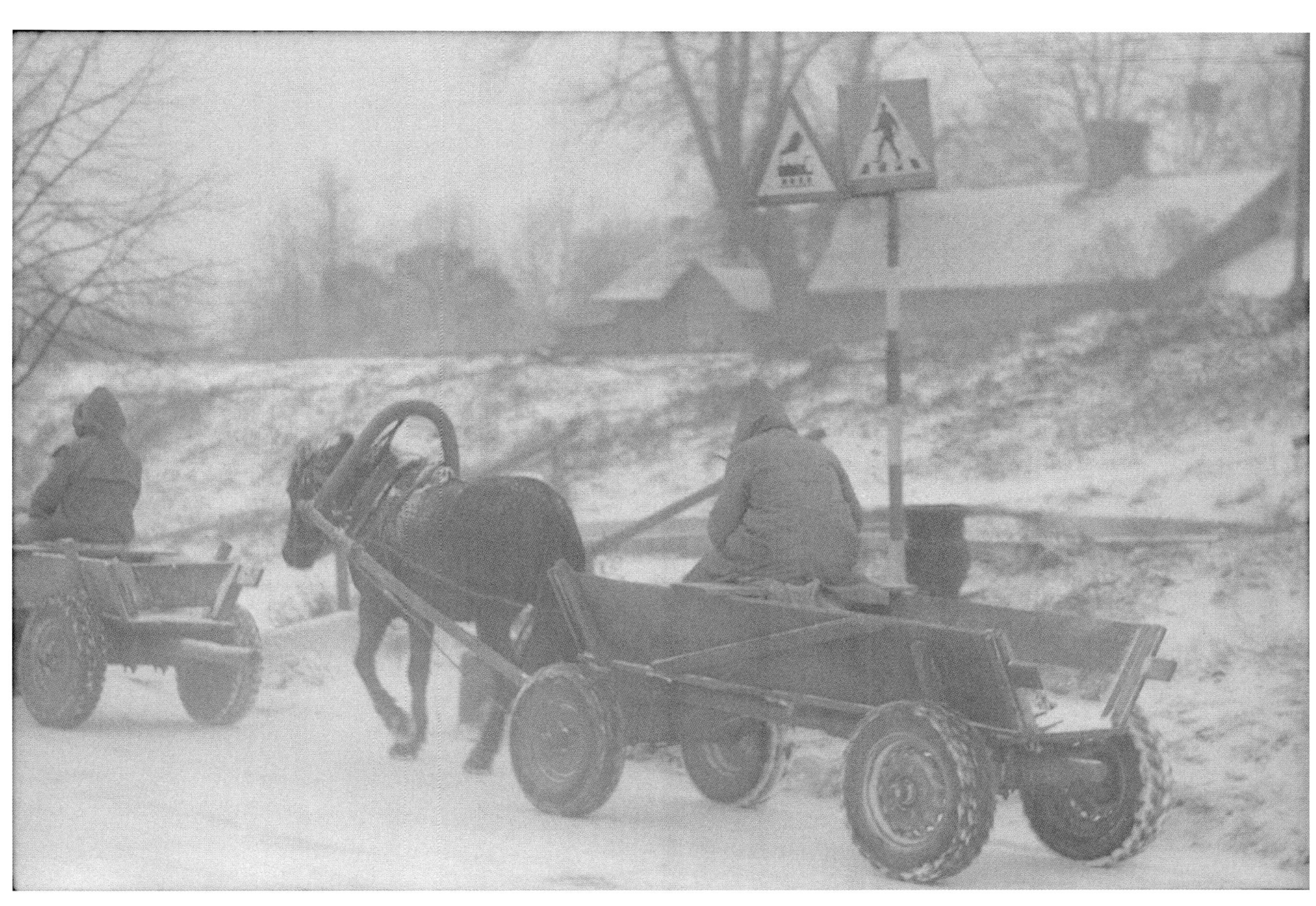

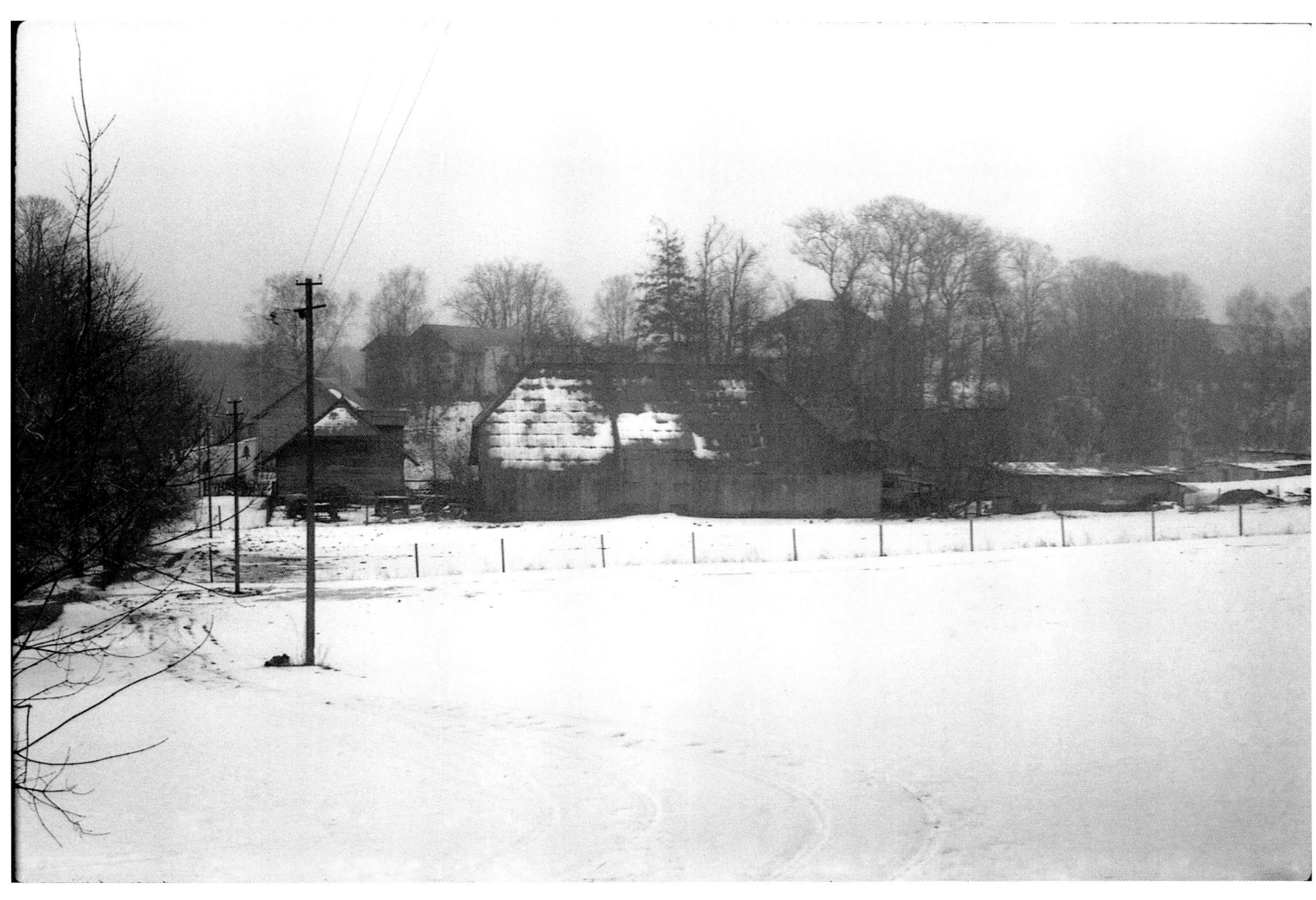

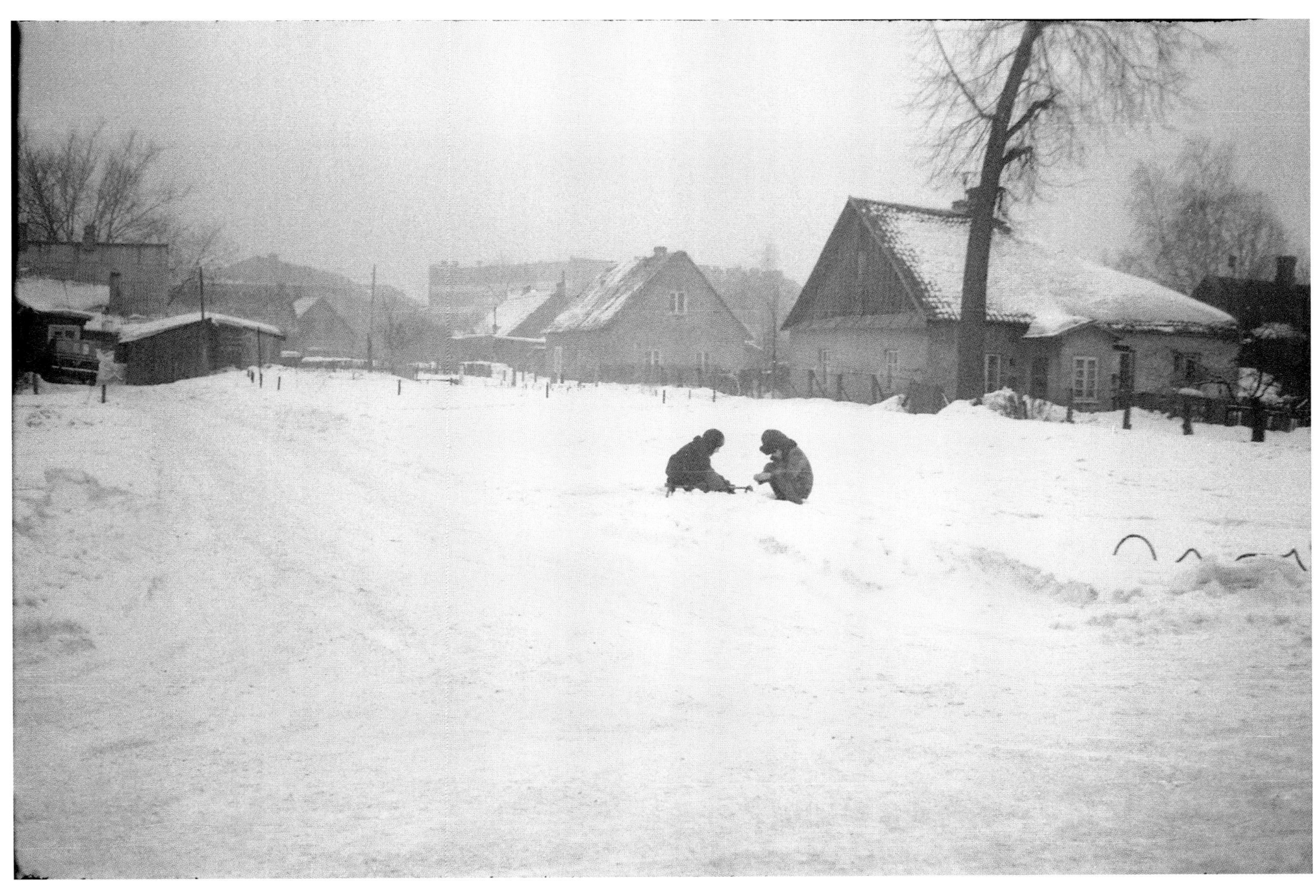

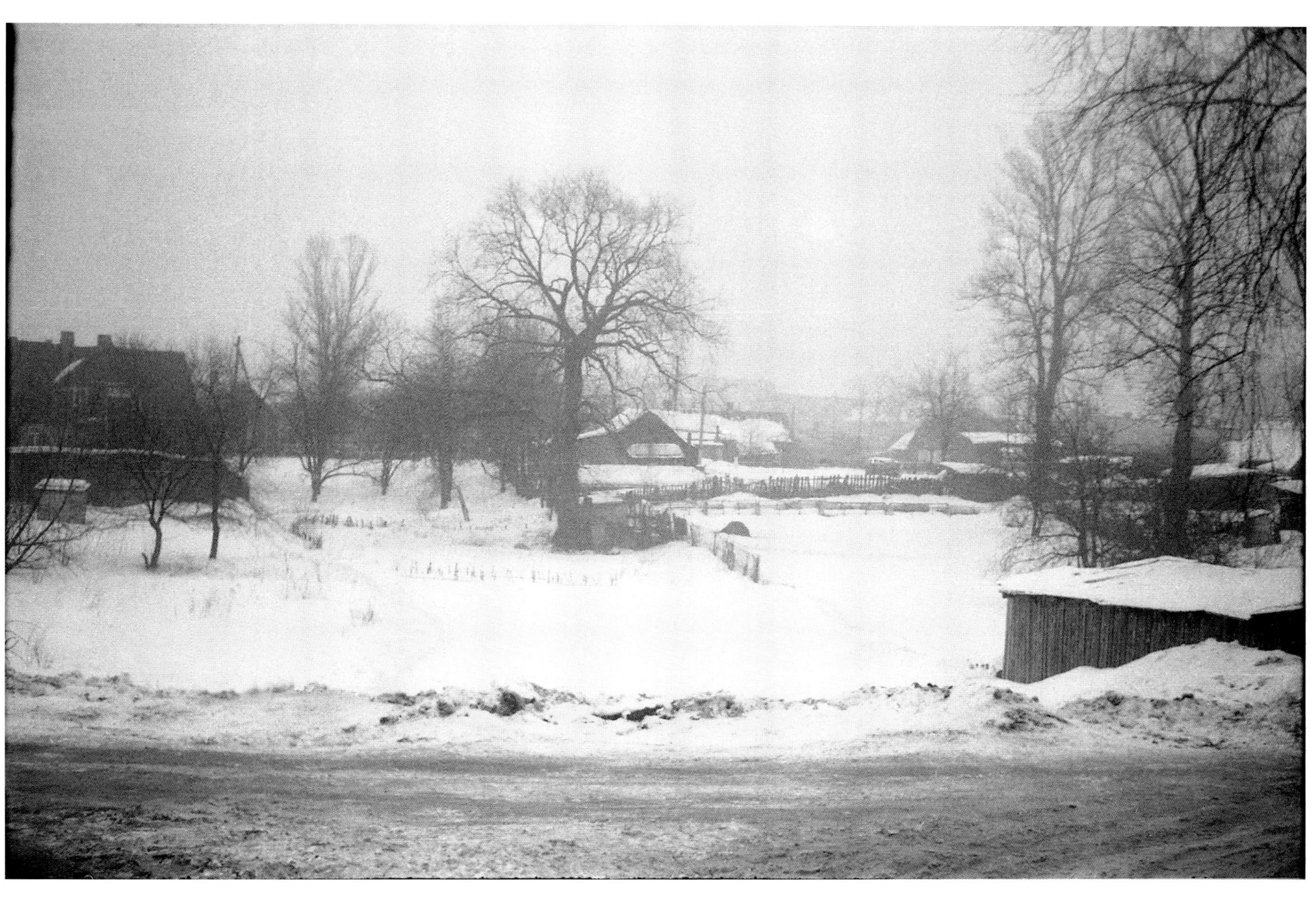

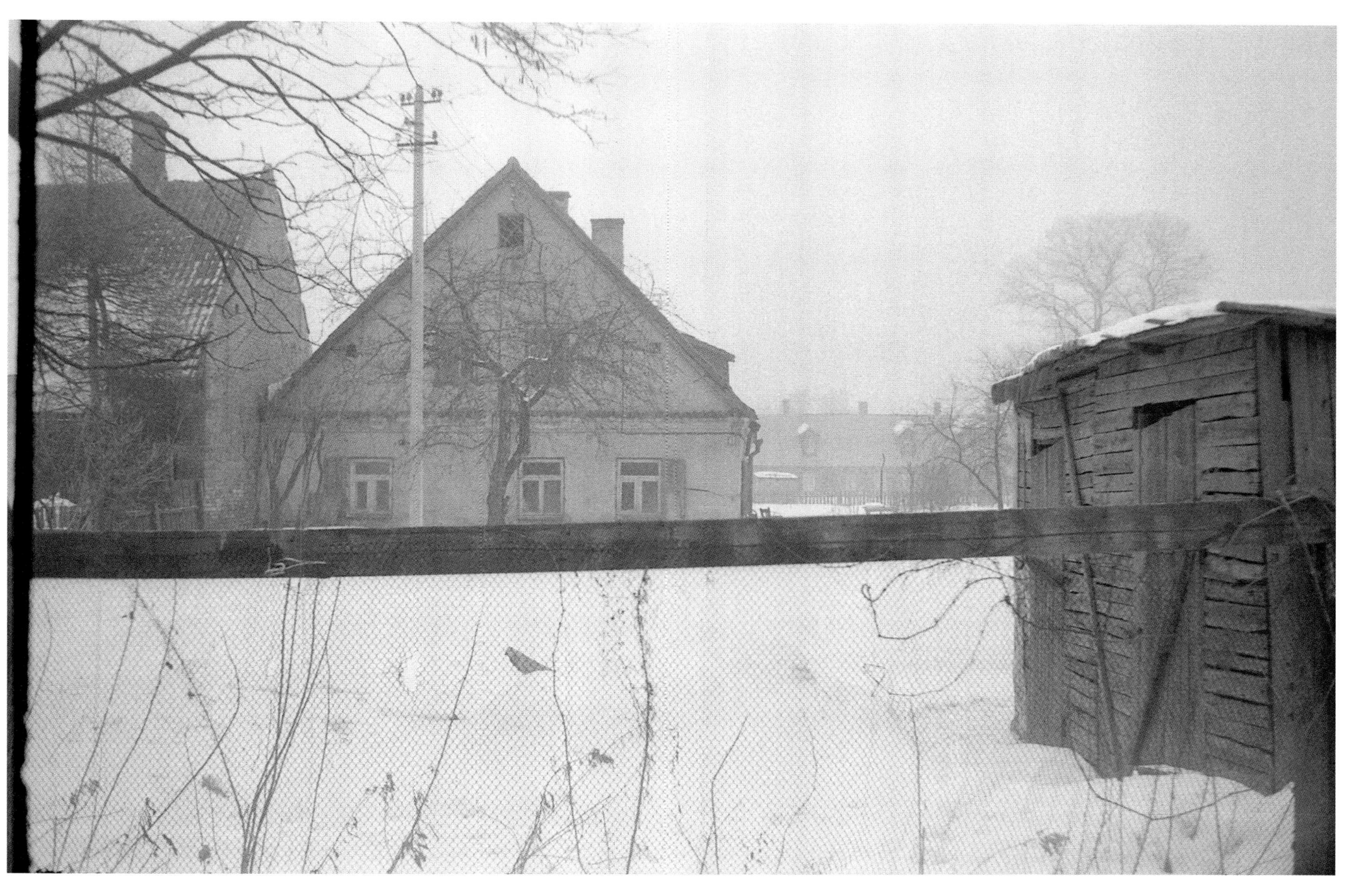

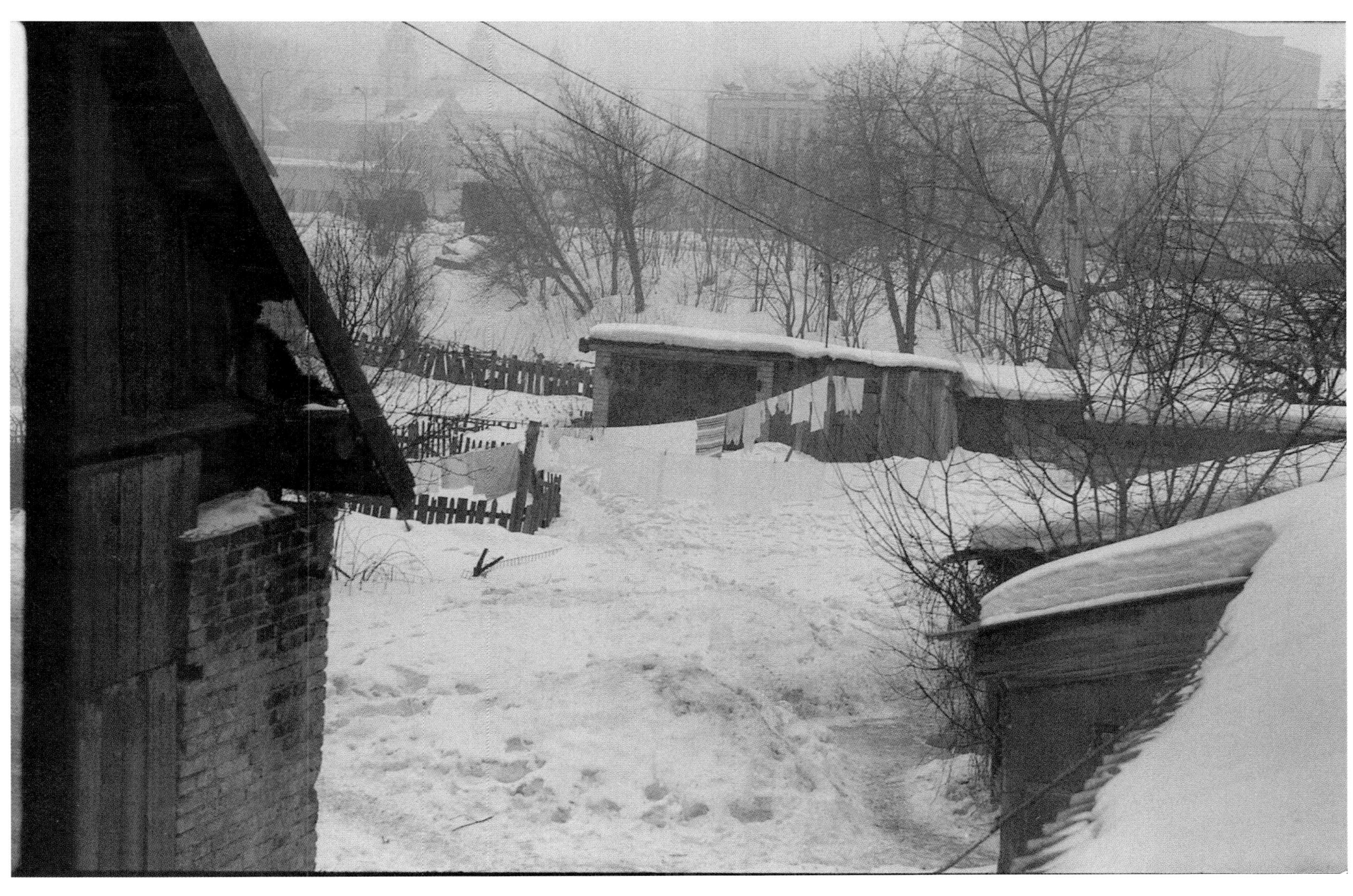

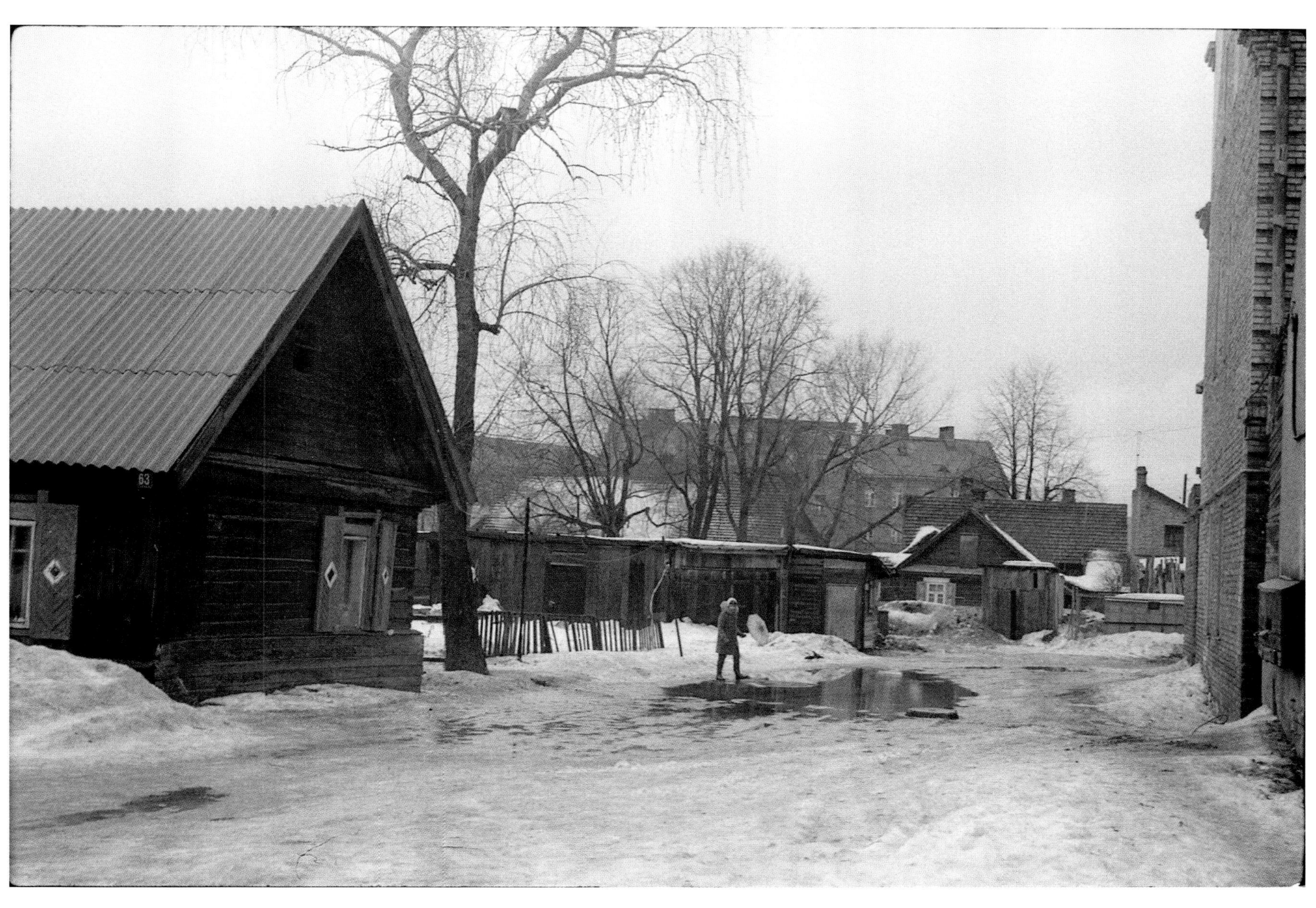

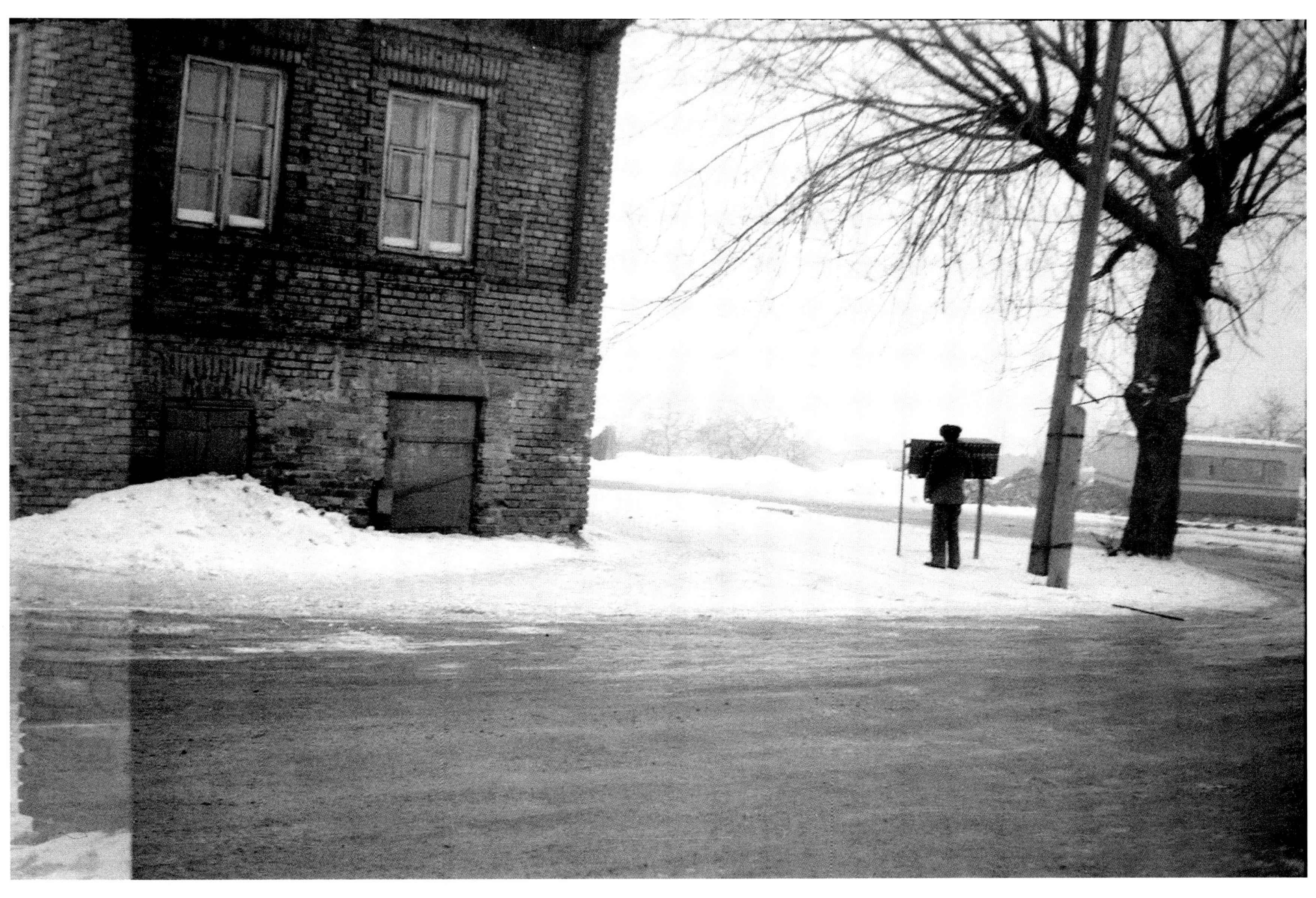

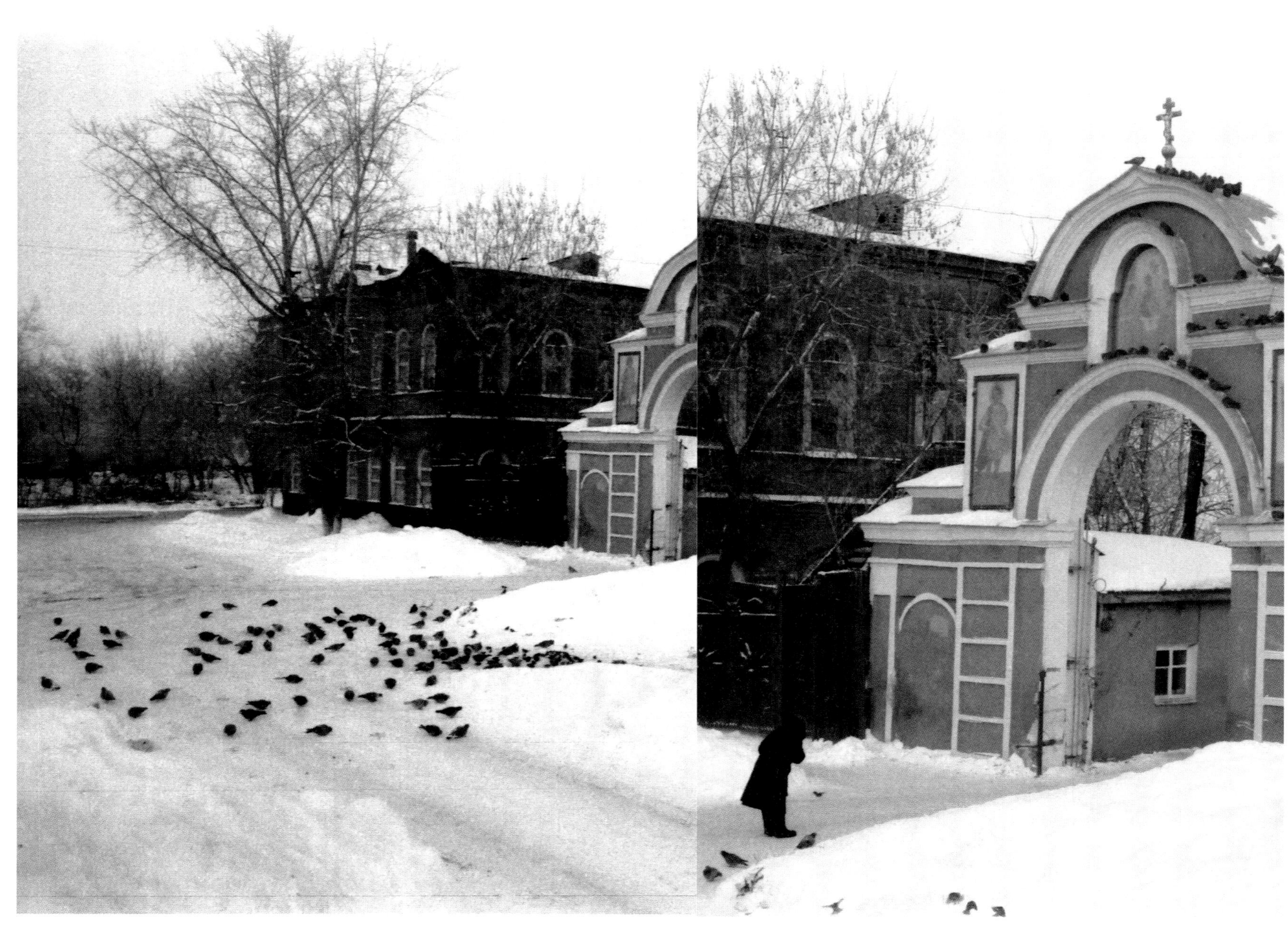

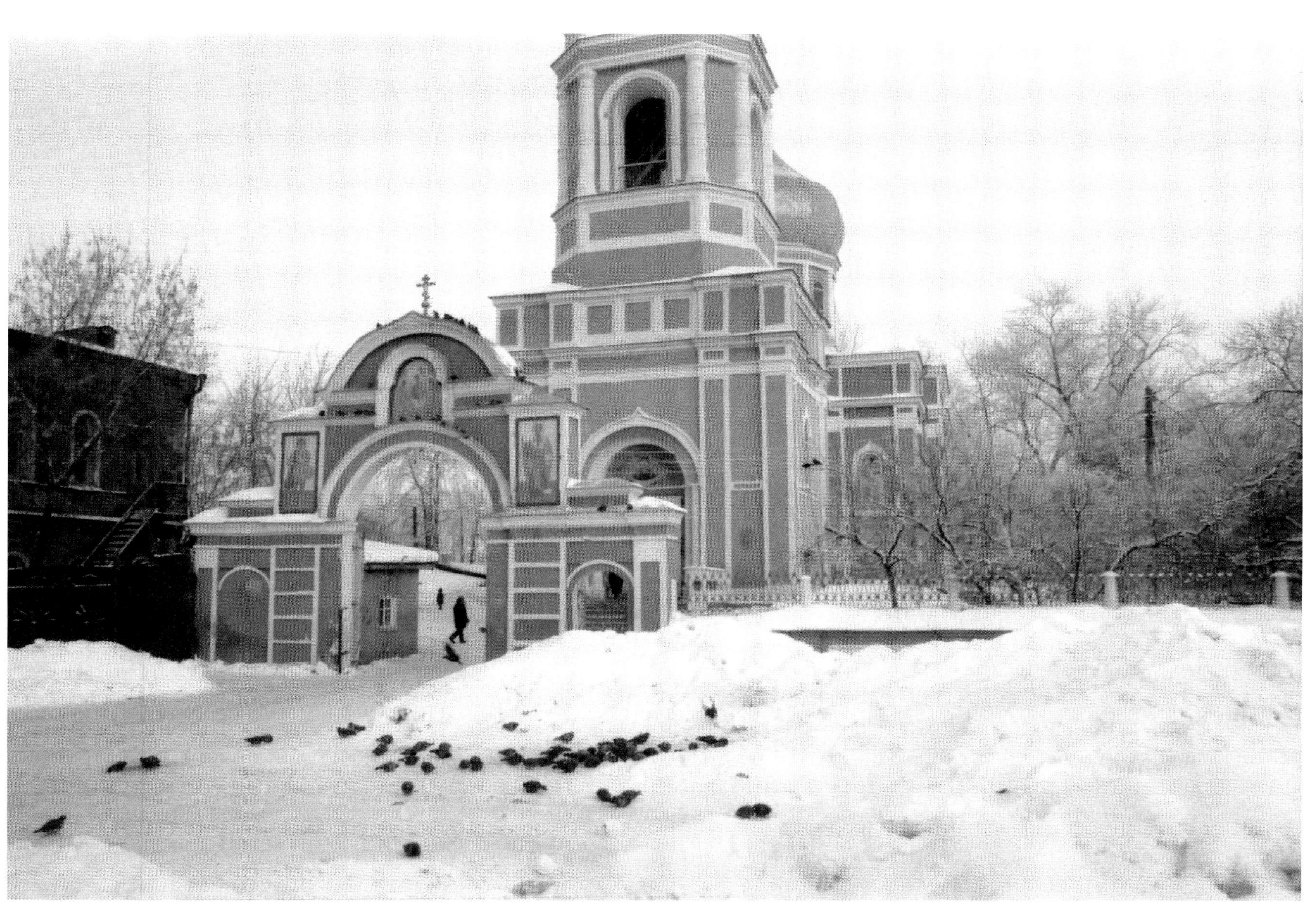

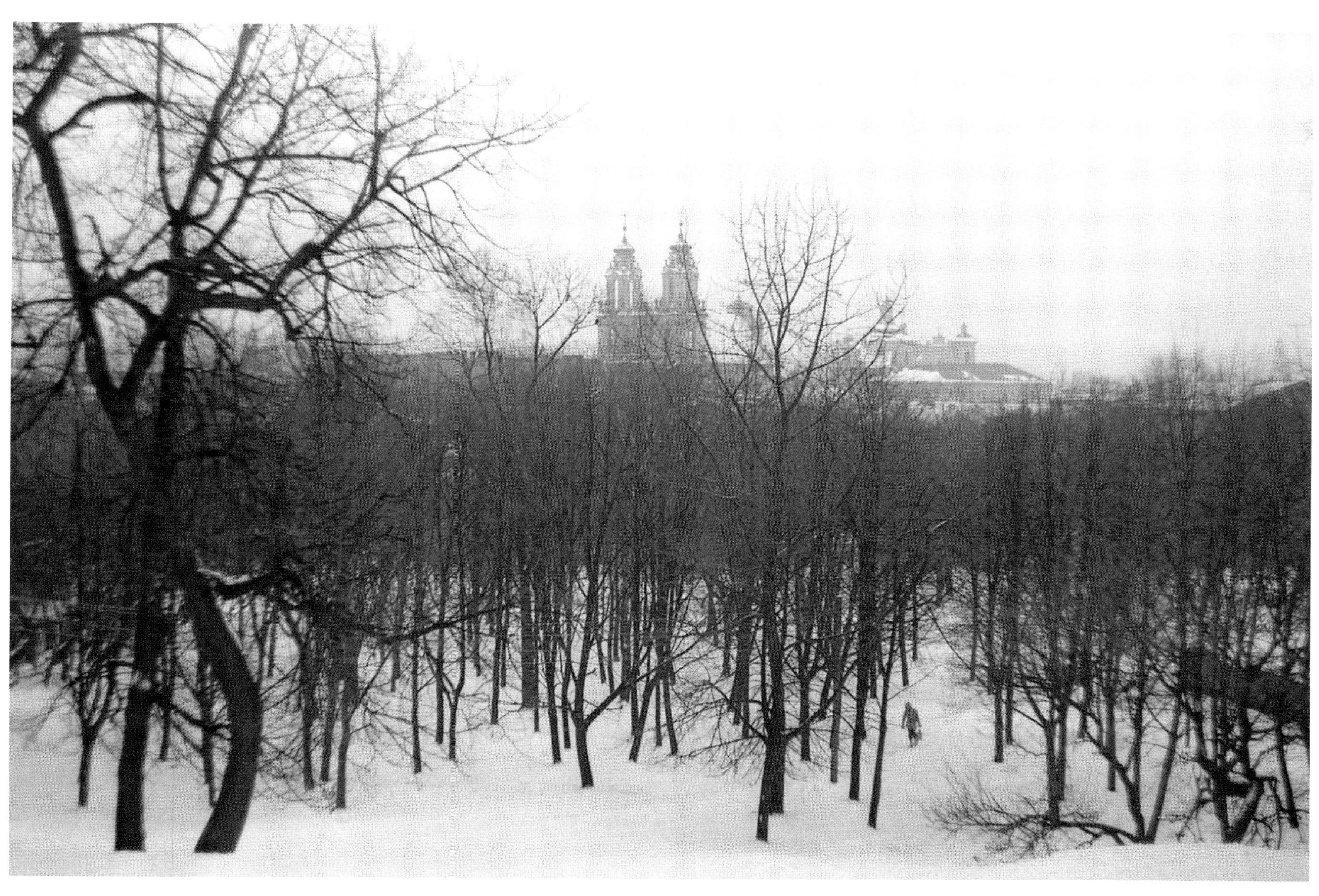

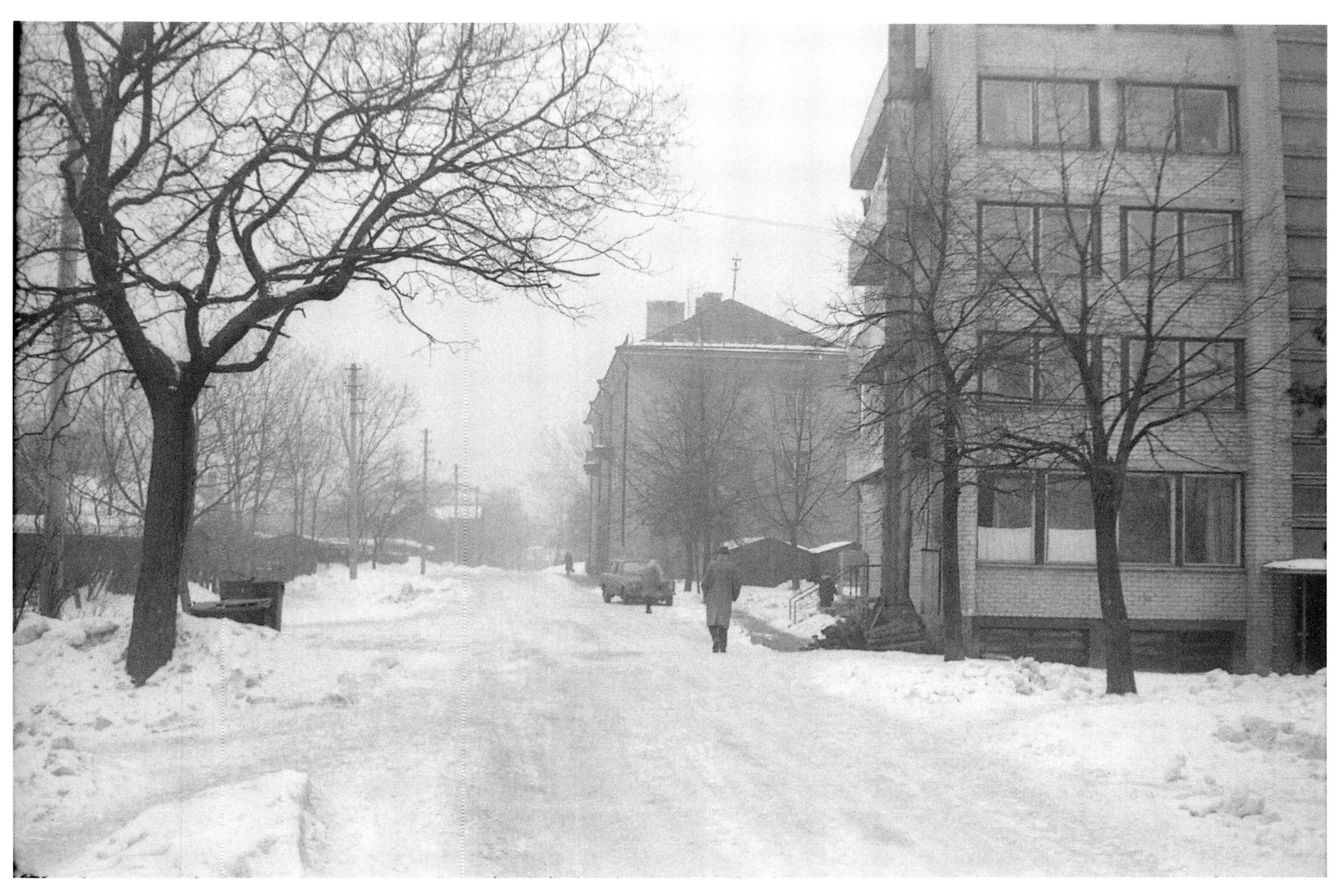

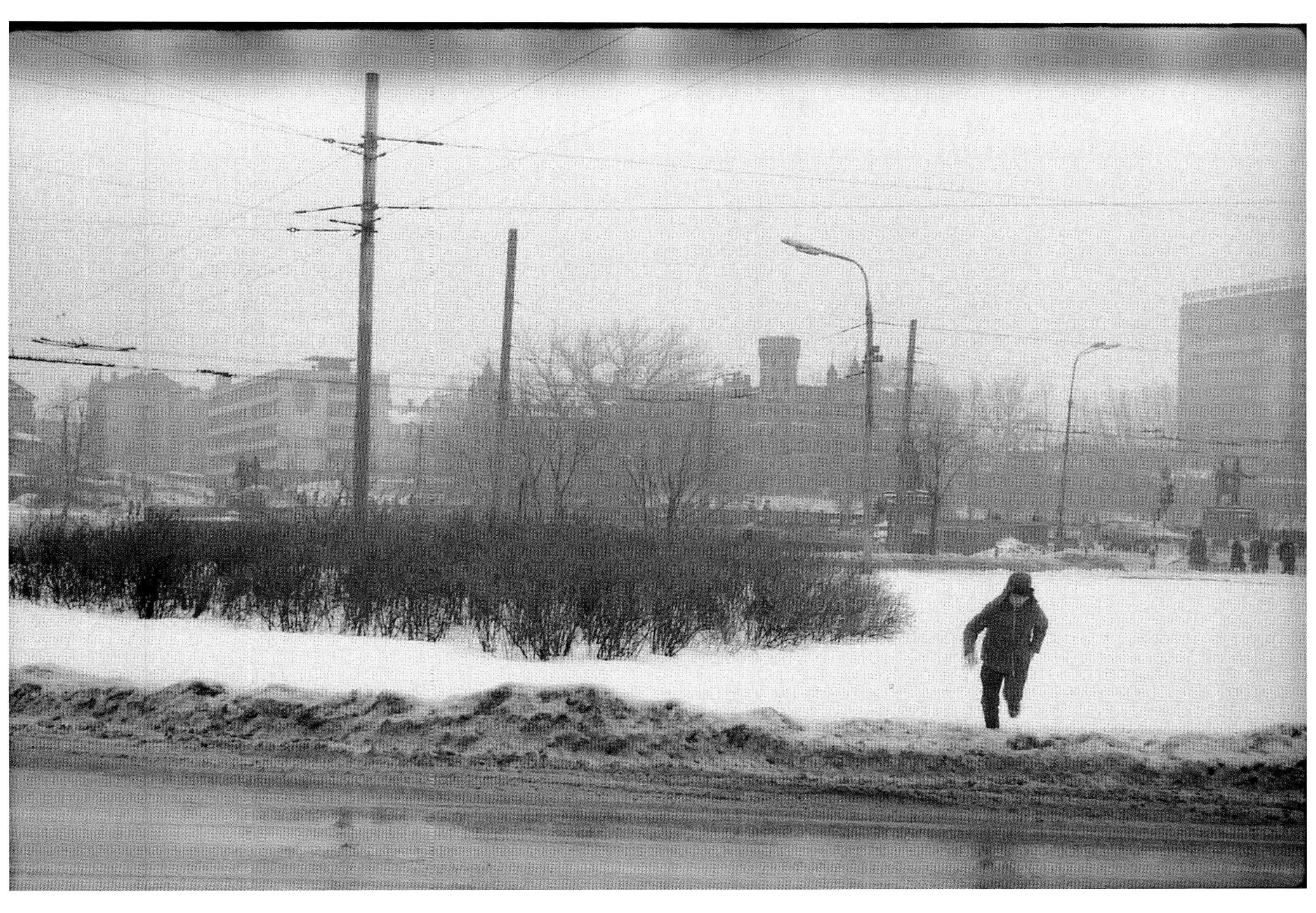

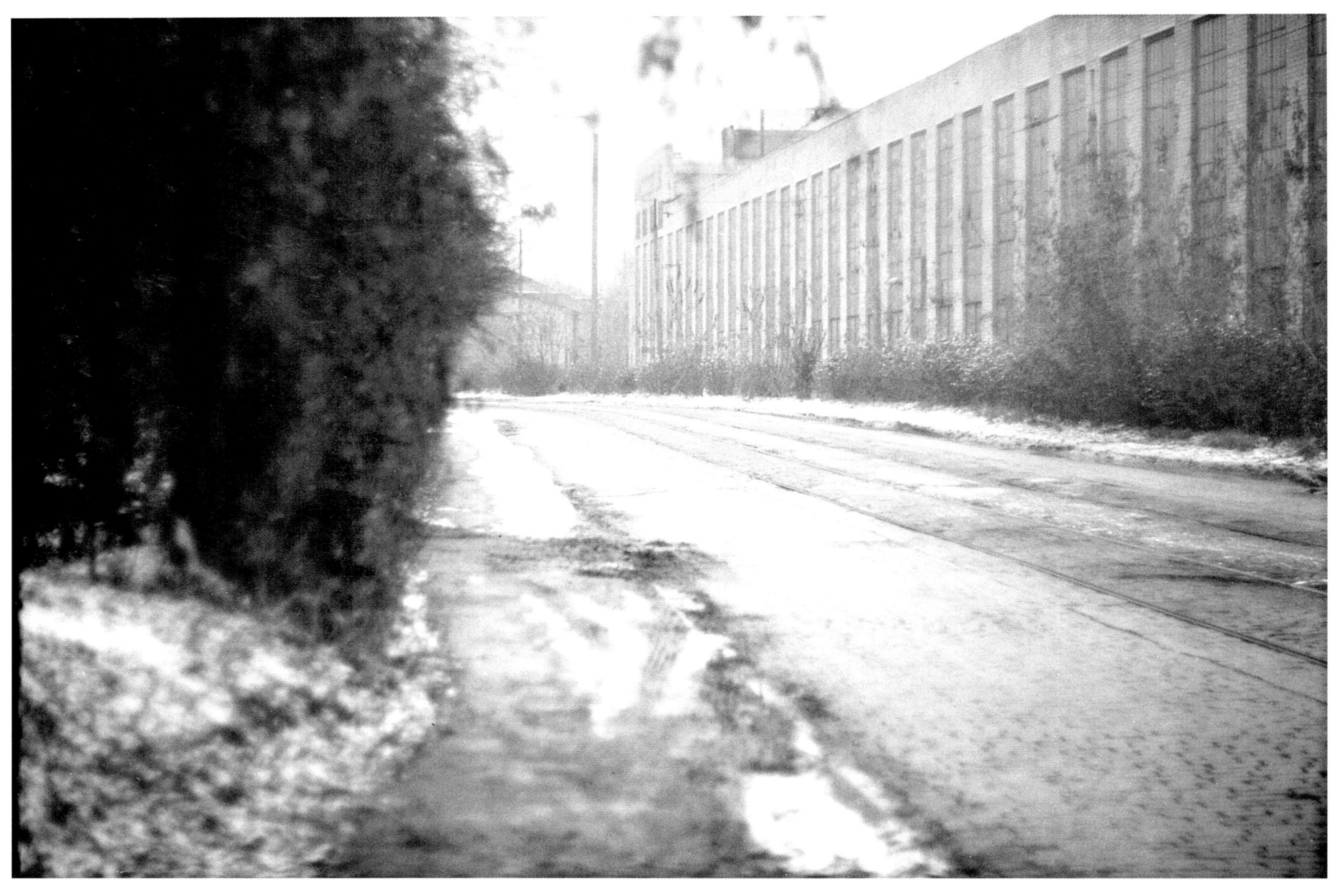

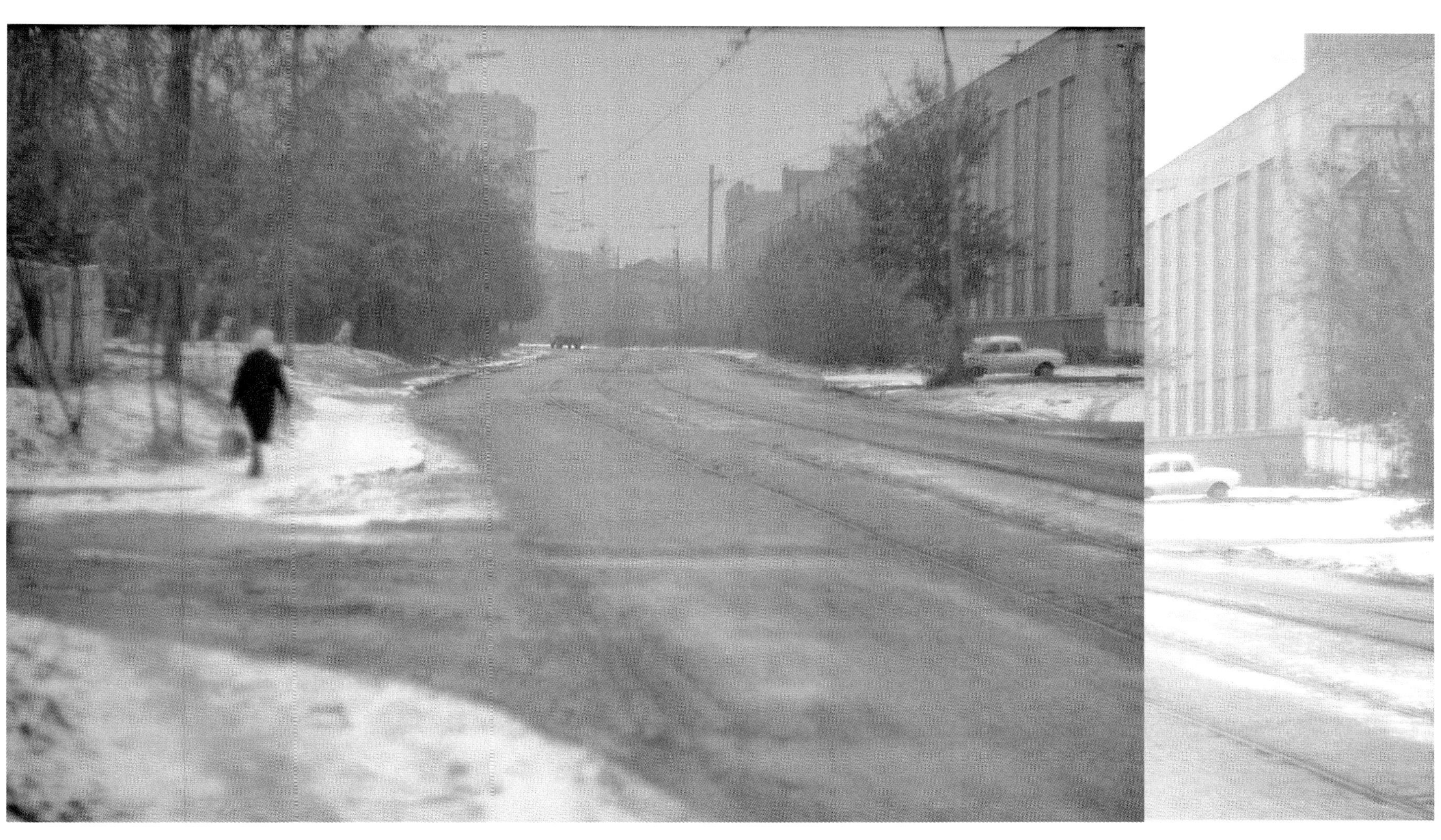

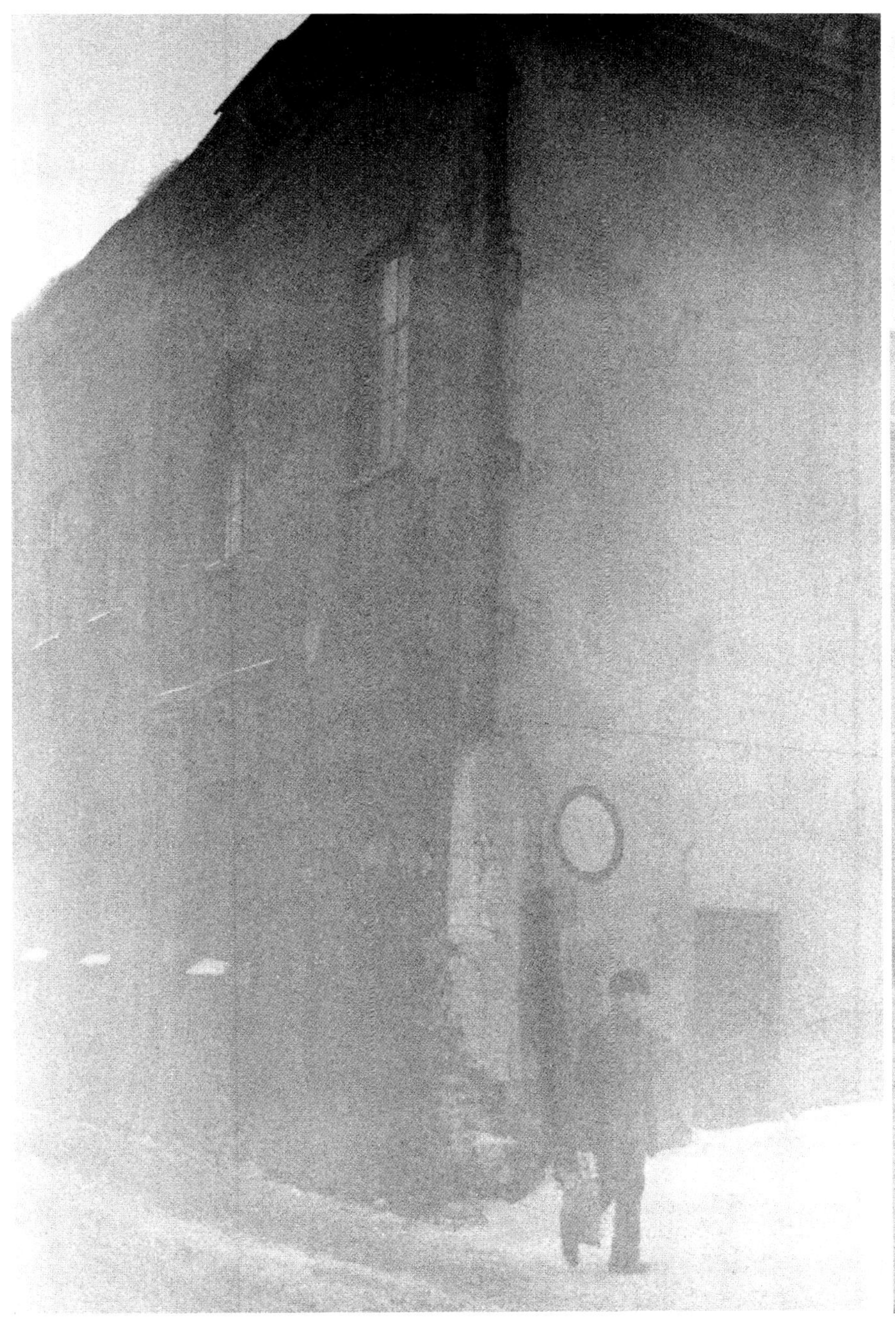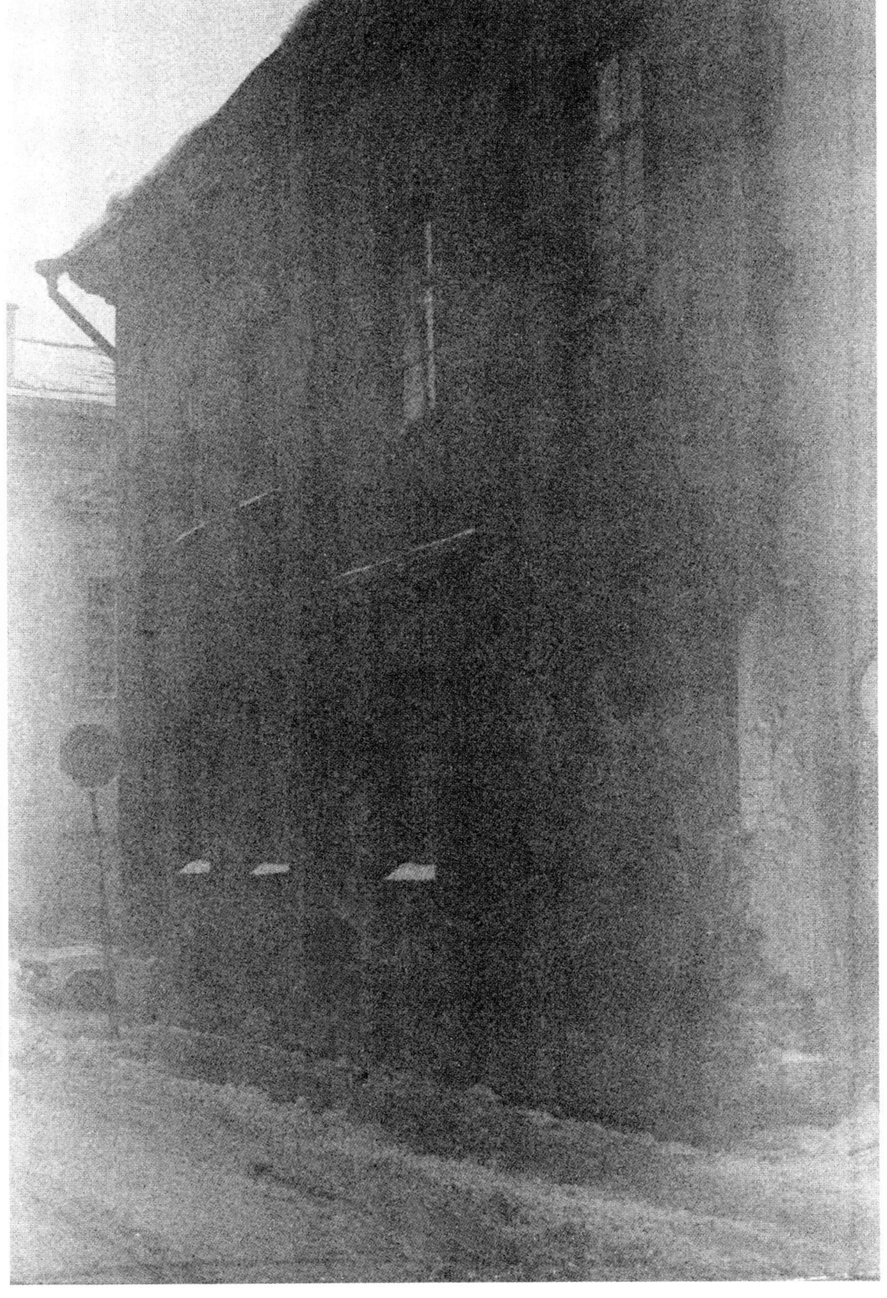

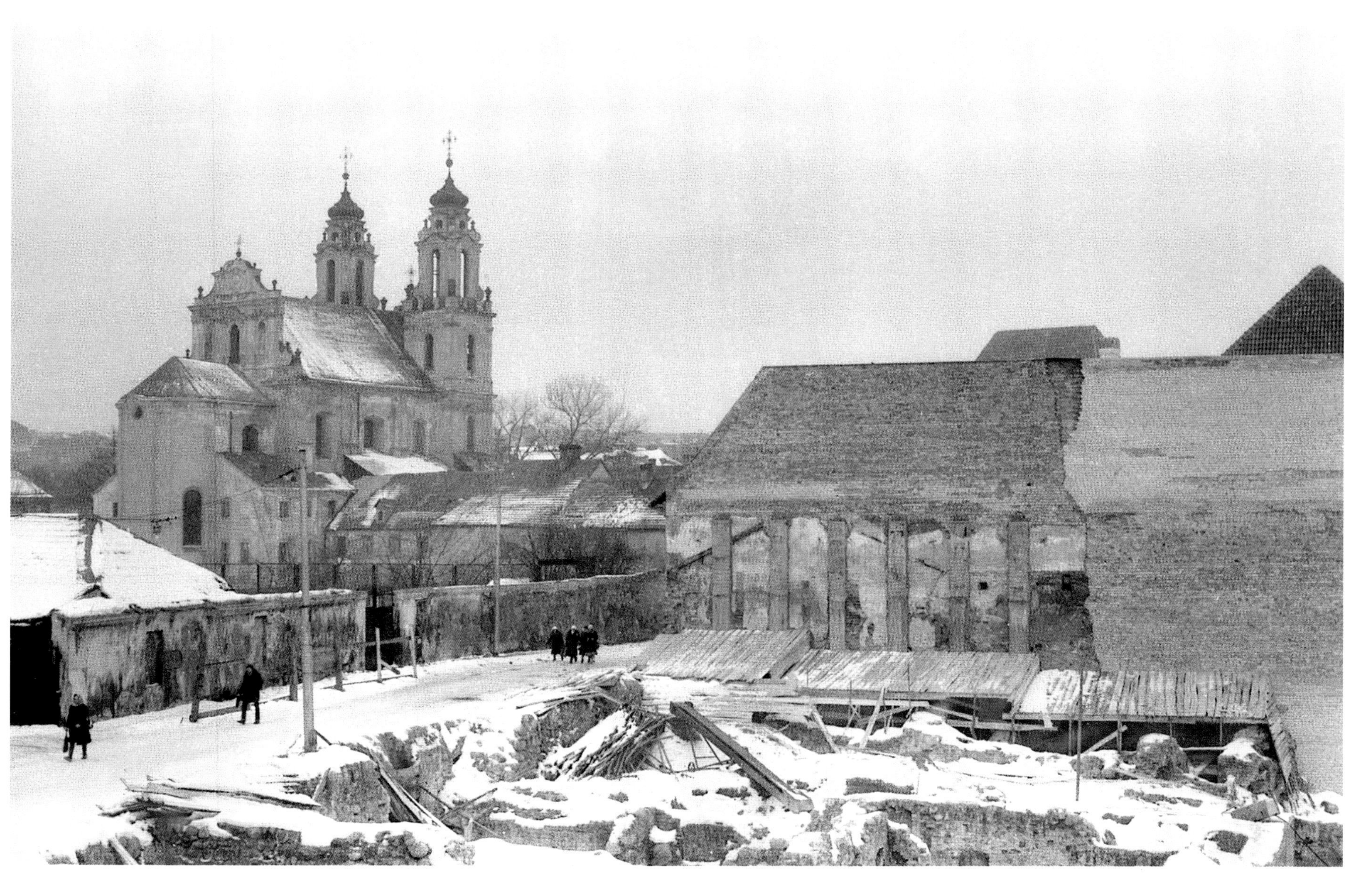

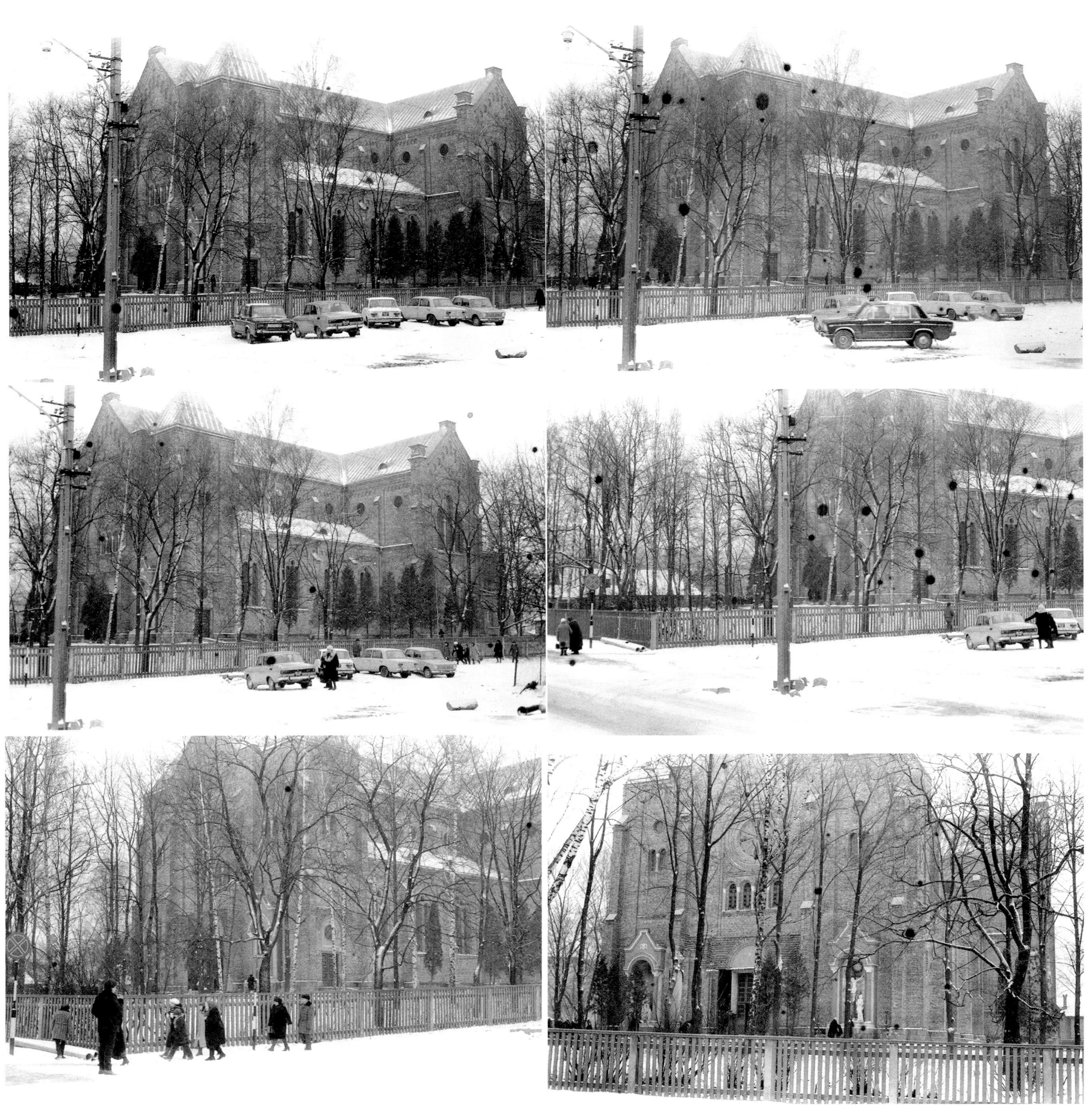

ketvirta dalis **dar labiau mėlyna**

ВАРИАЦИЯ НА ТЕМУ ПРЕБЫВАНИЯ СНАРУЖИ

четвертая часть **еще синее**

A VARIATION ON THE THEME OF BEING OUTSIDE

fourth part **yet bluer**

VARIATION ZUM THEMA DES DASEINS AUSSERHALB

vierter Teil **noch blauer**

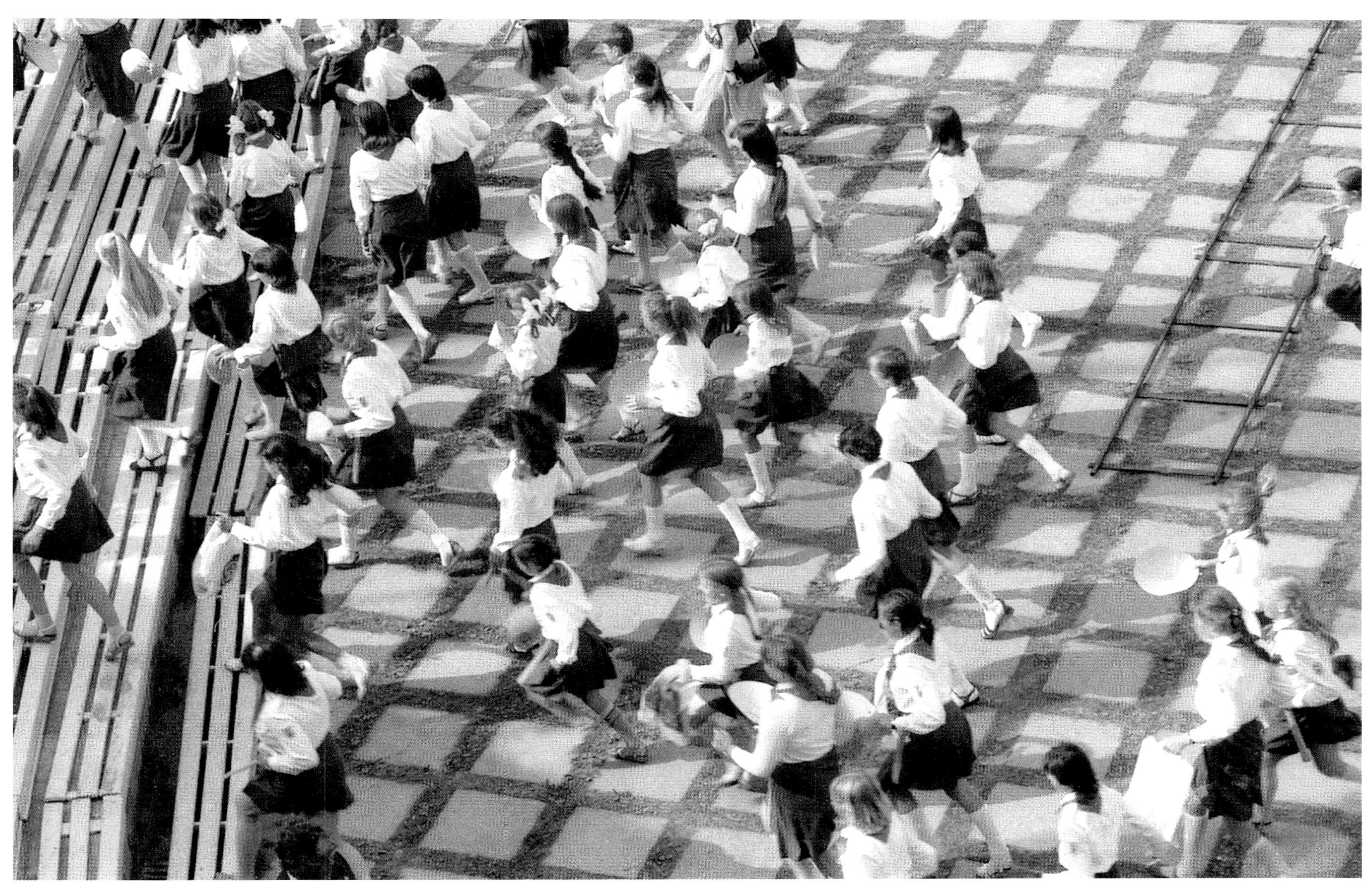

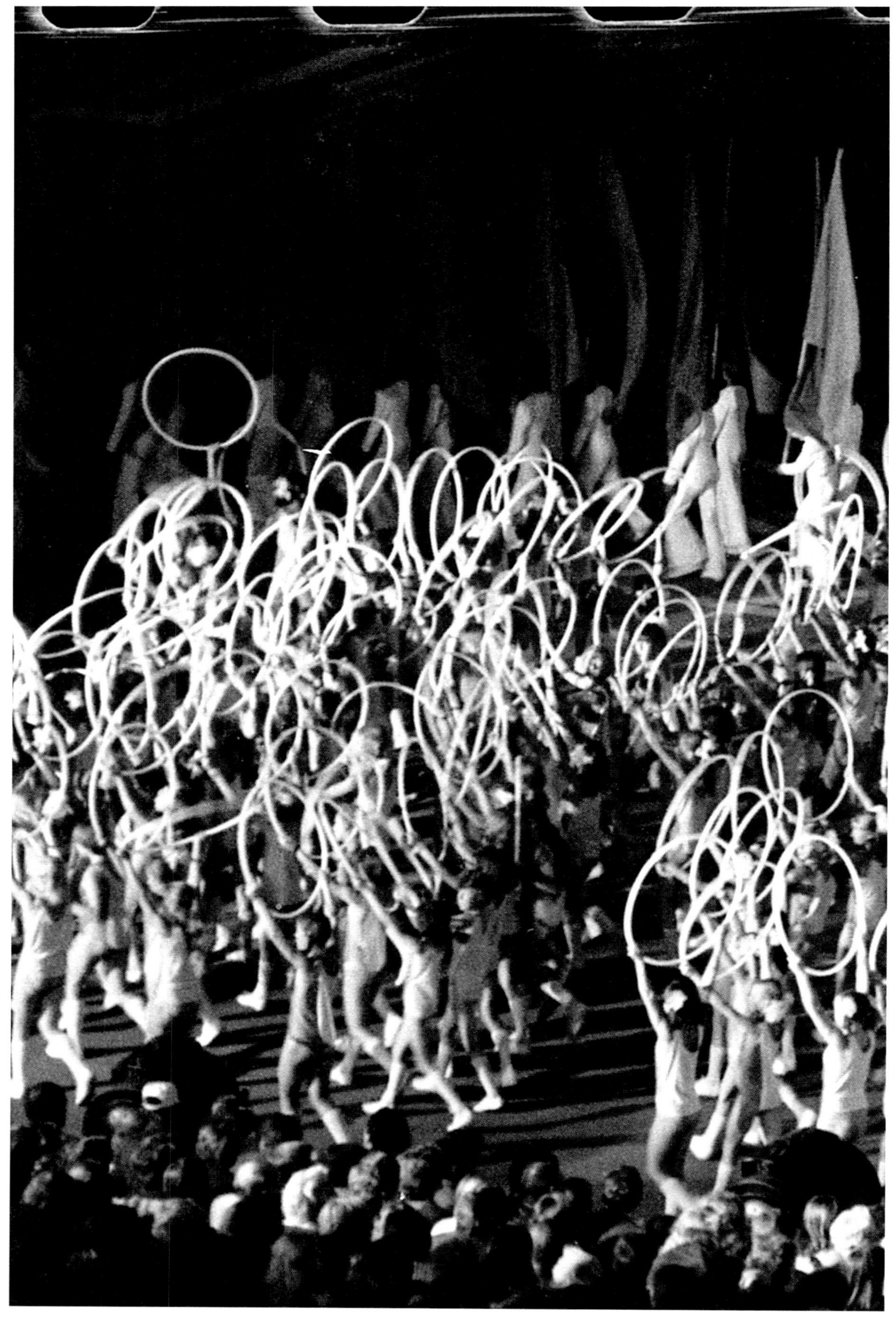

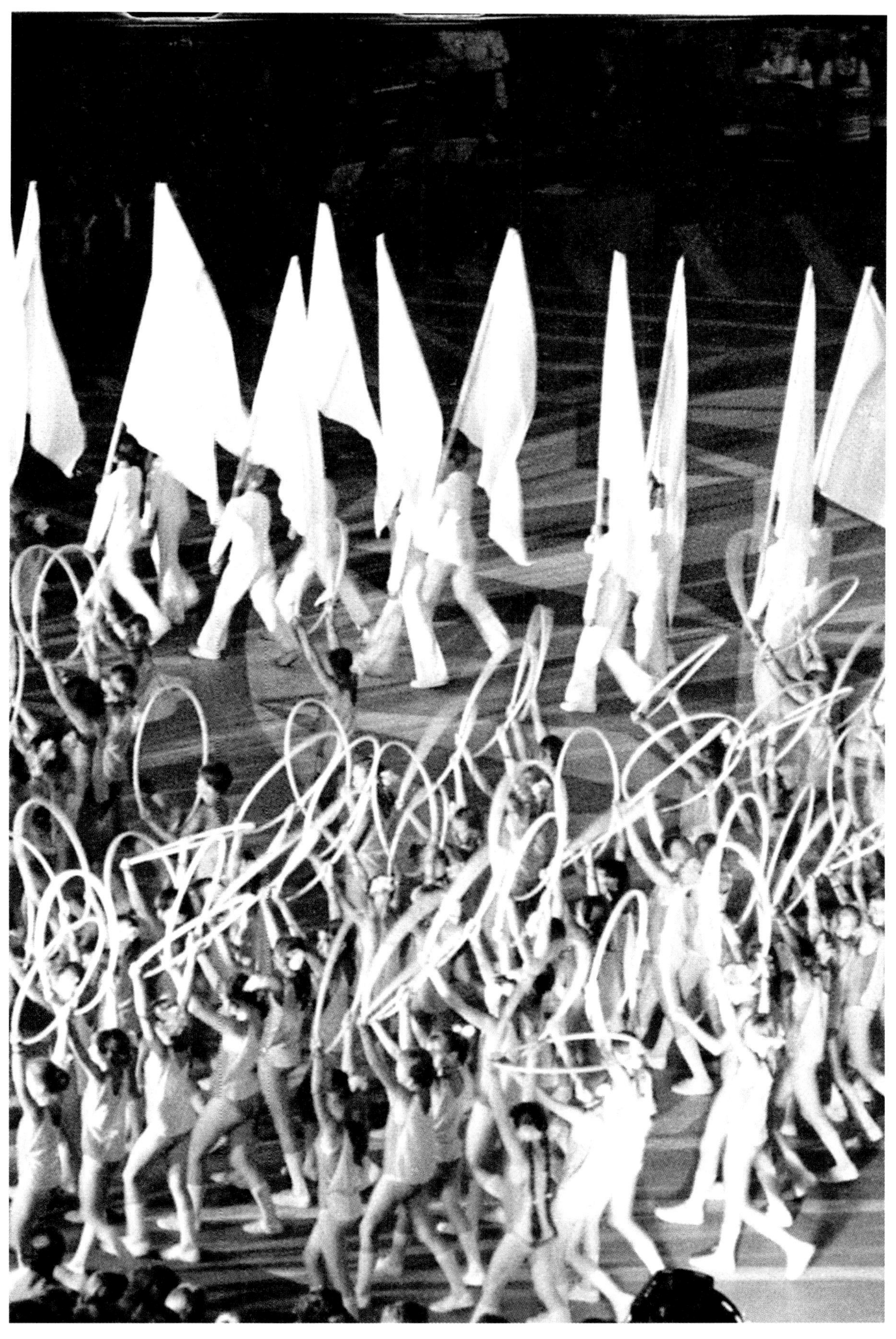

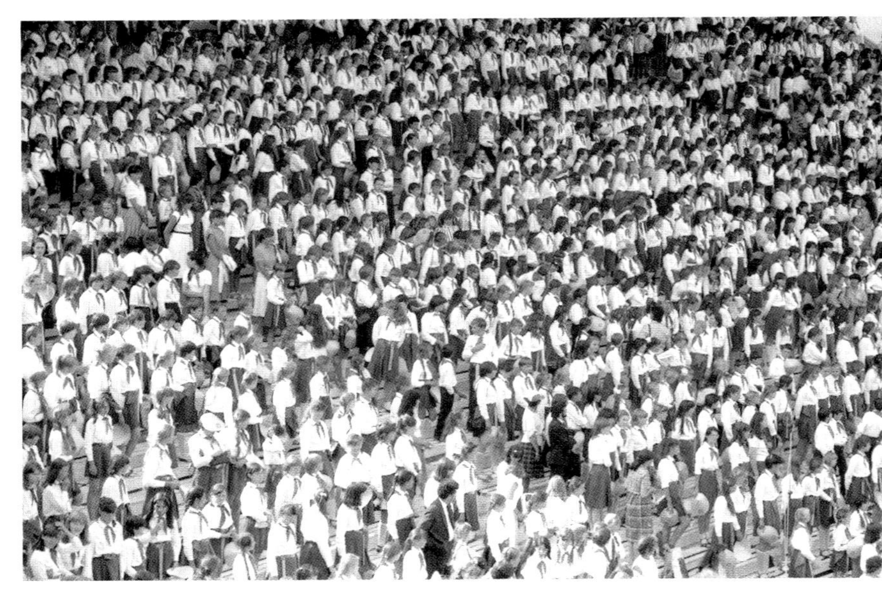
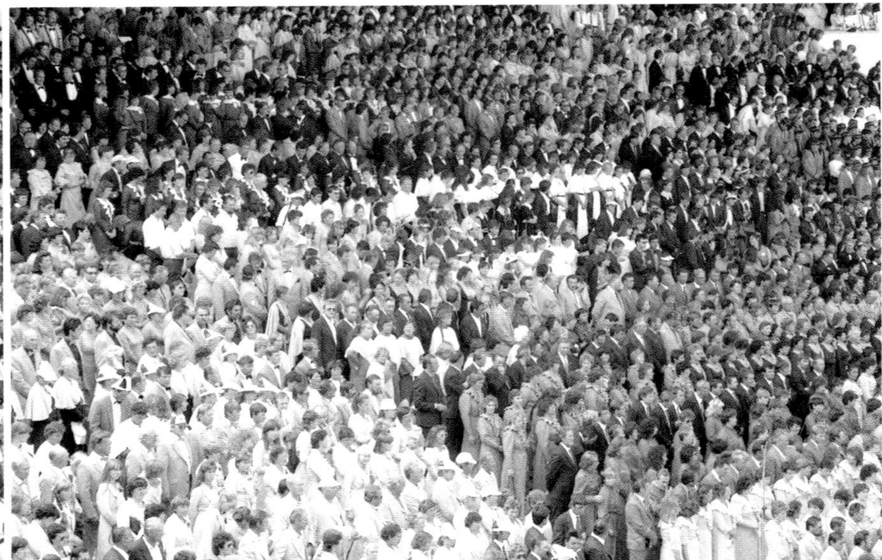
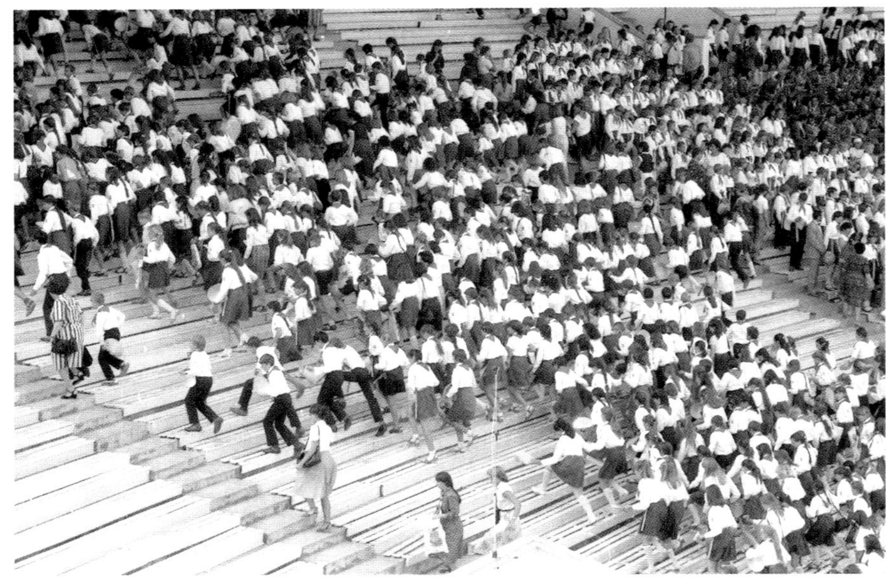
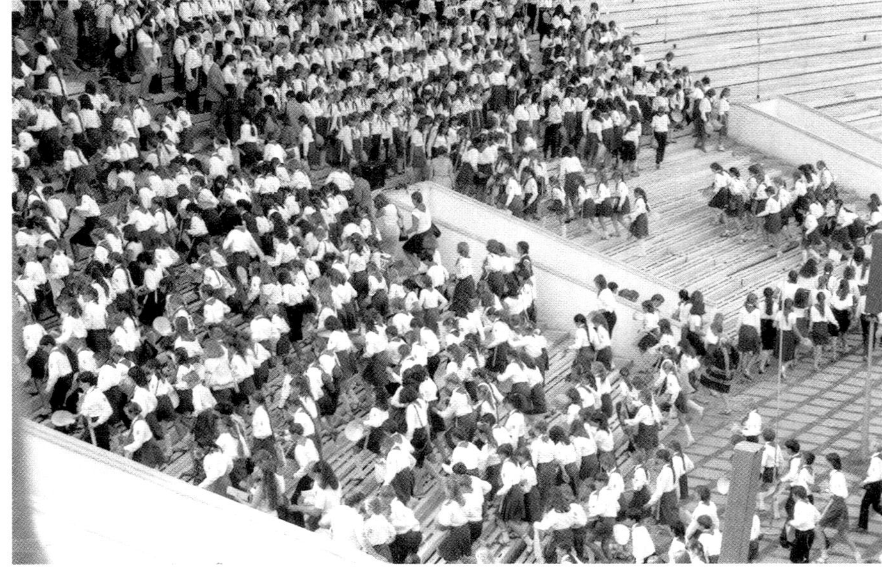

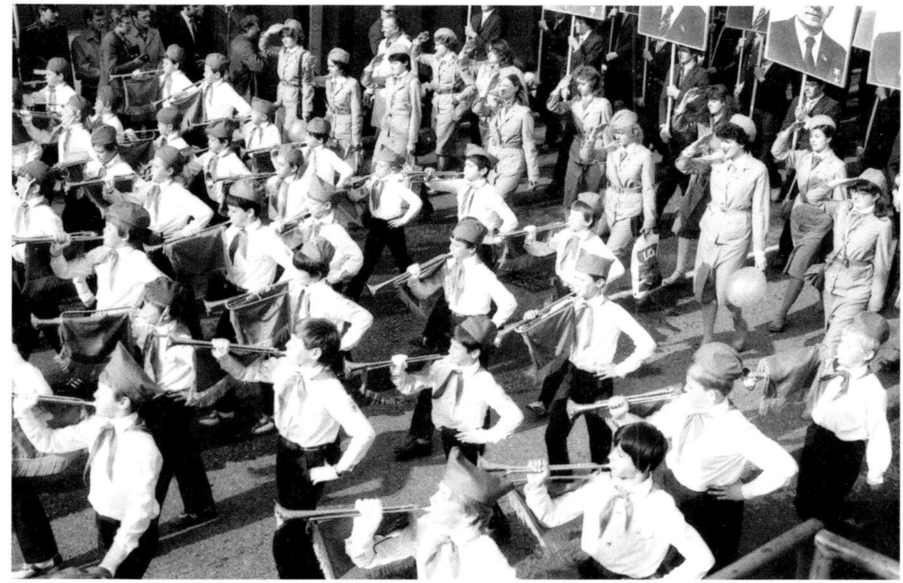
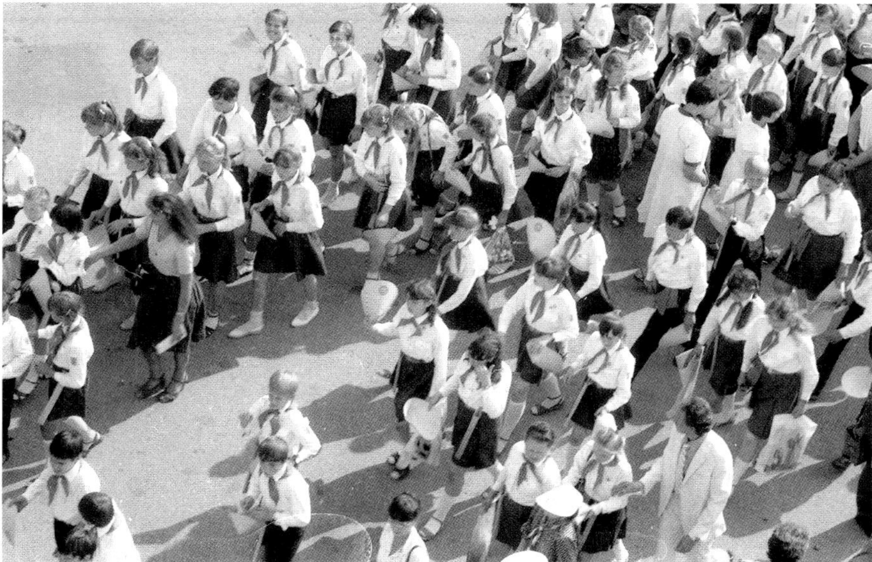
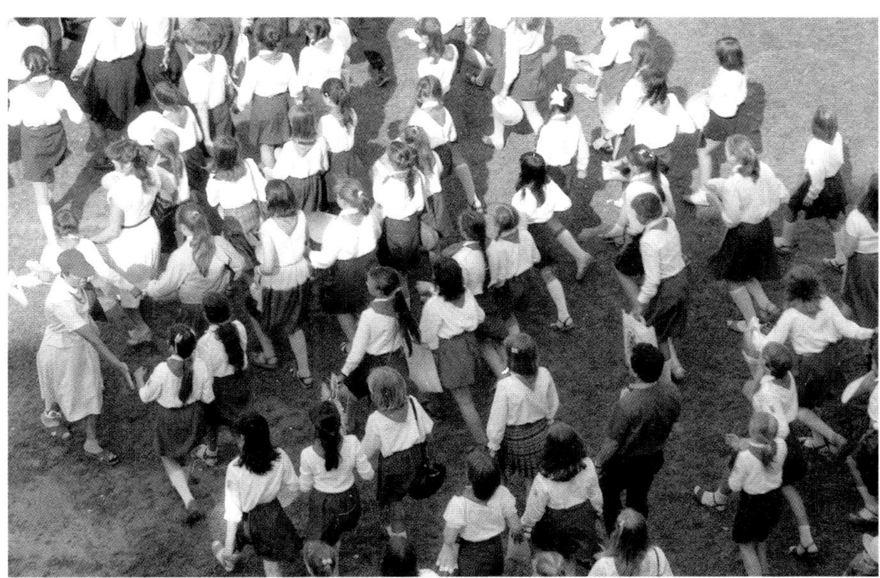
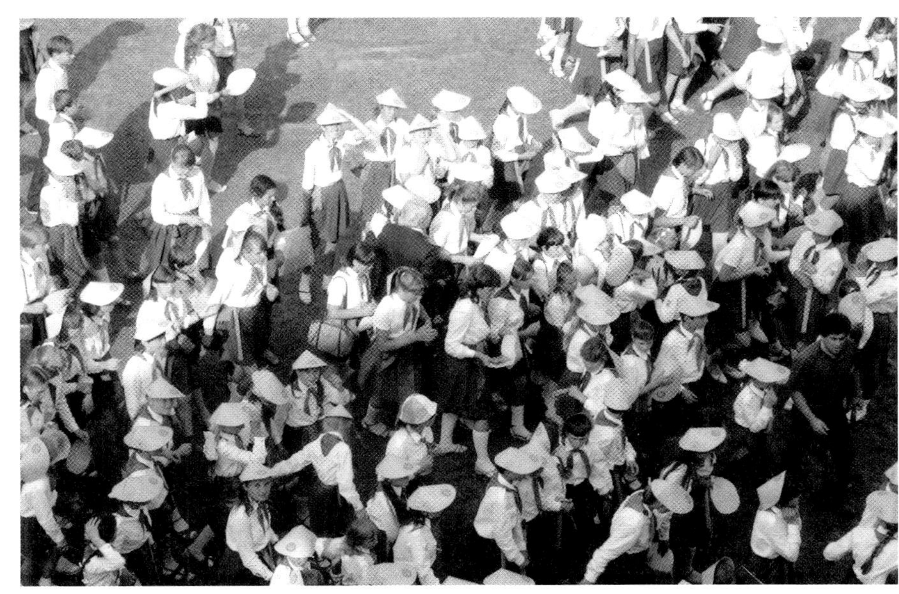

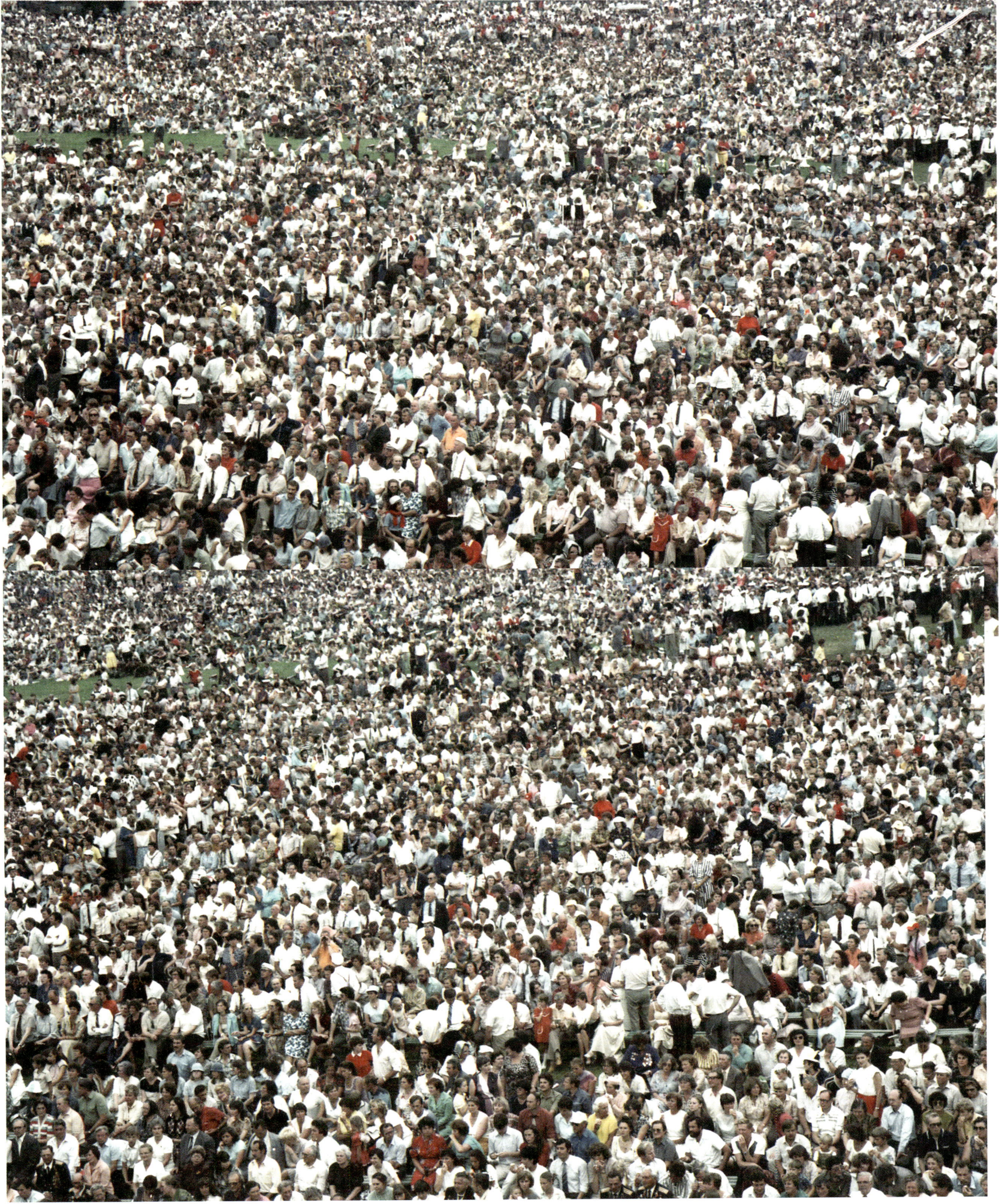

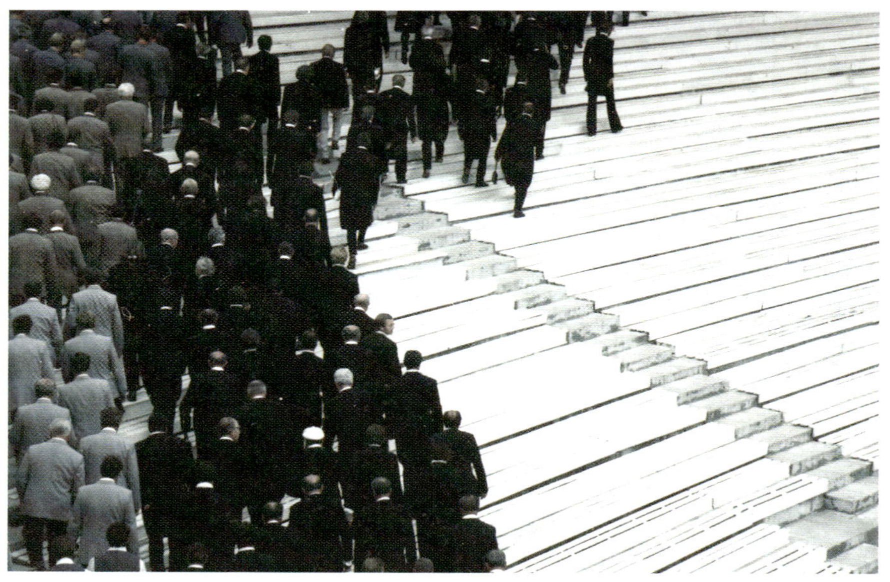

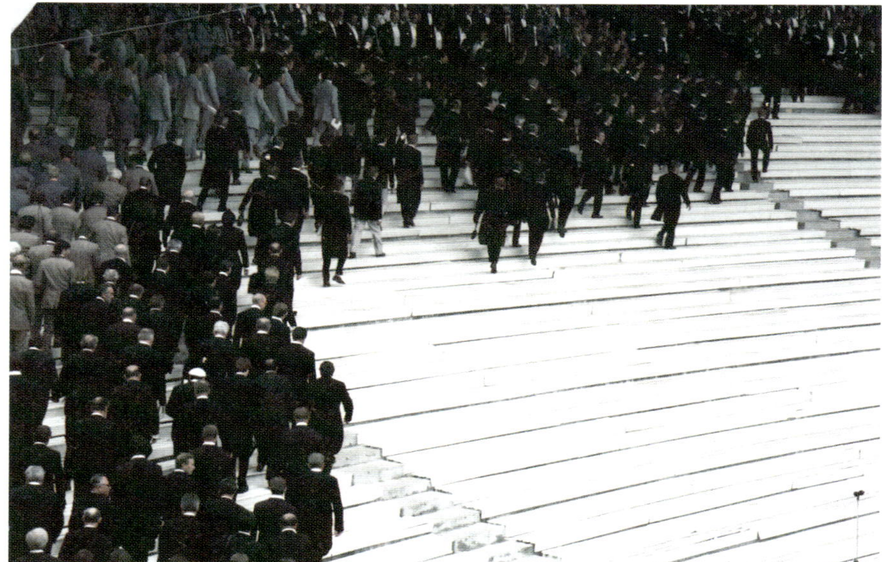

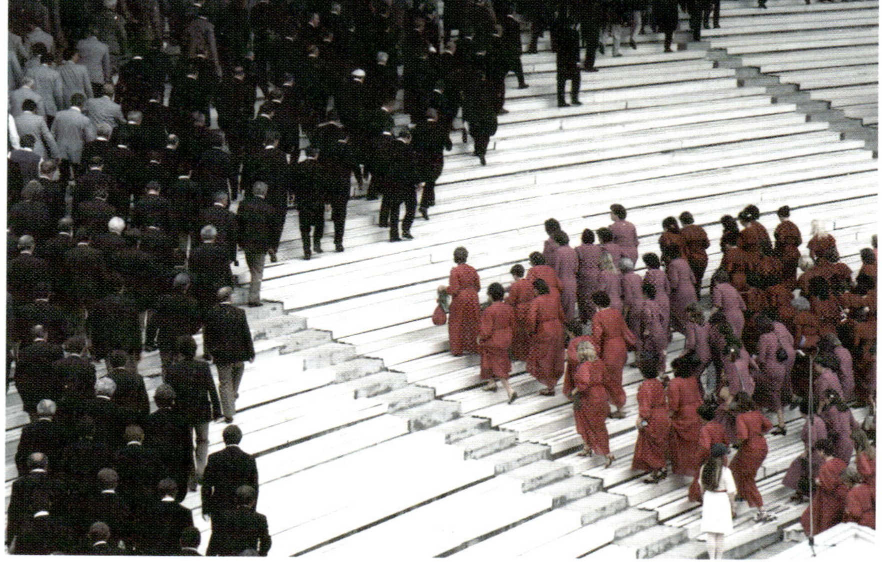

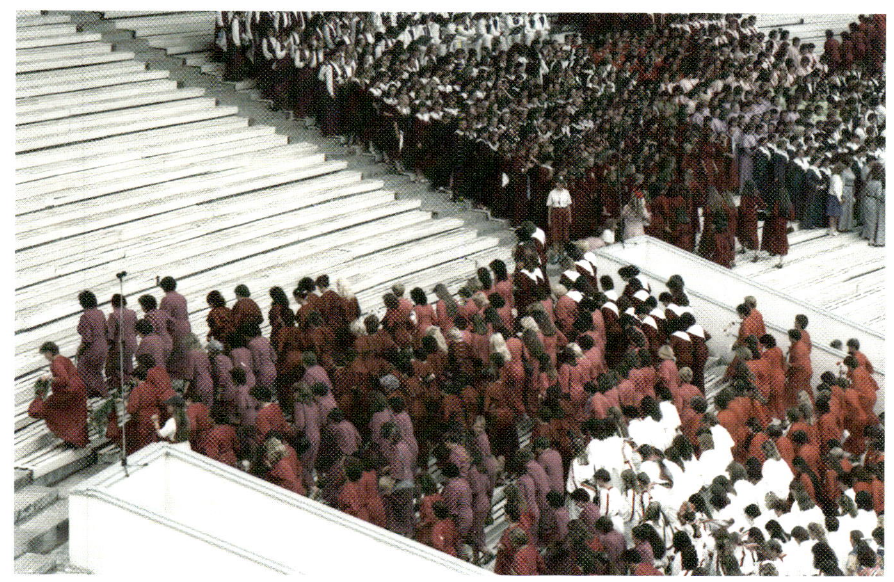

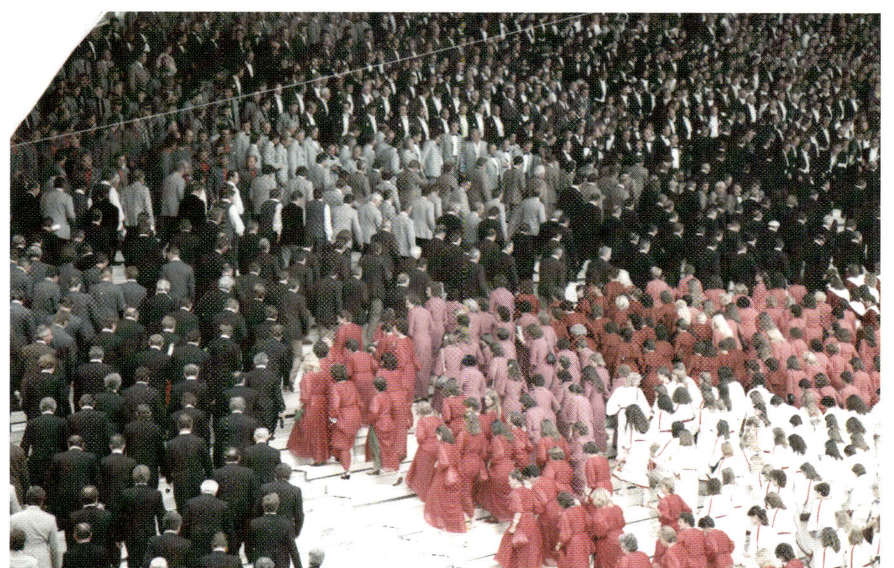

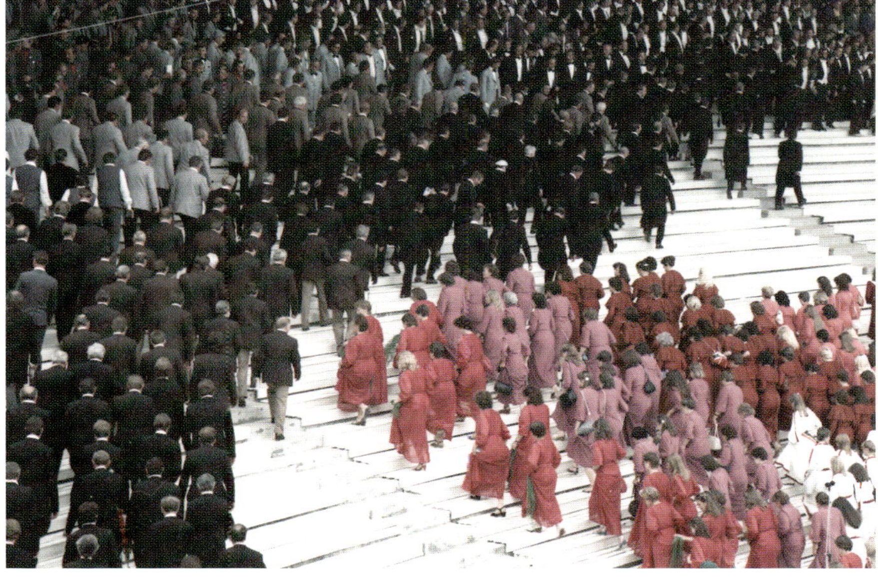

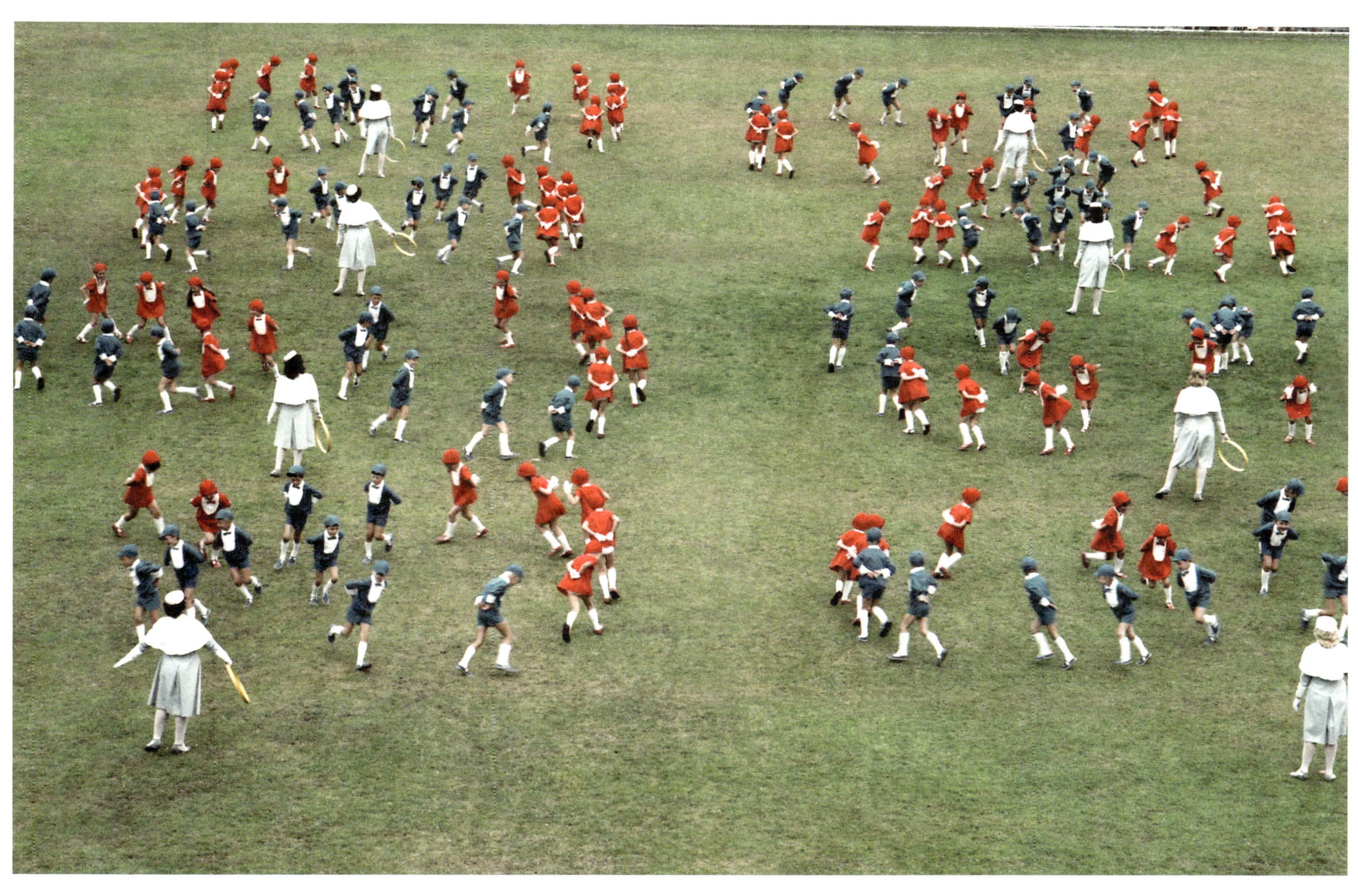

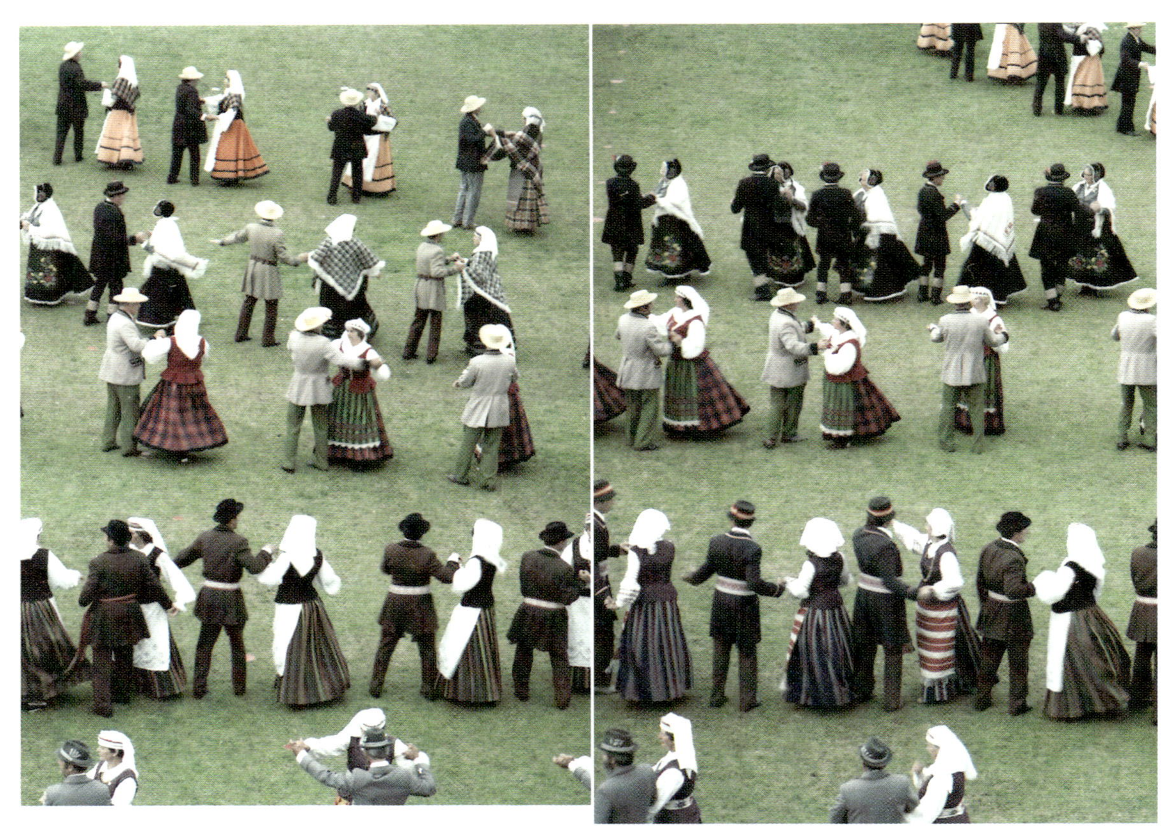

150

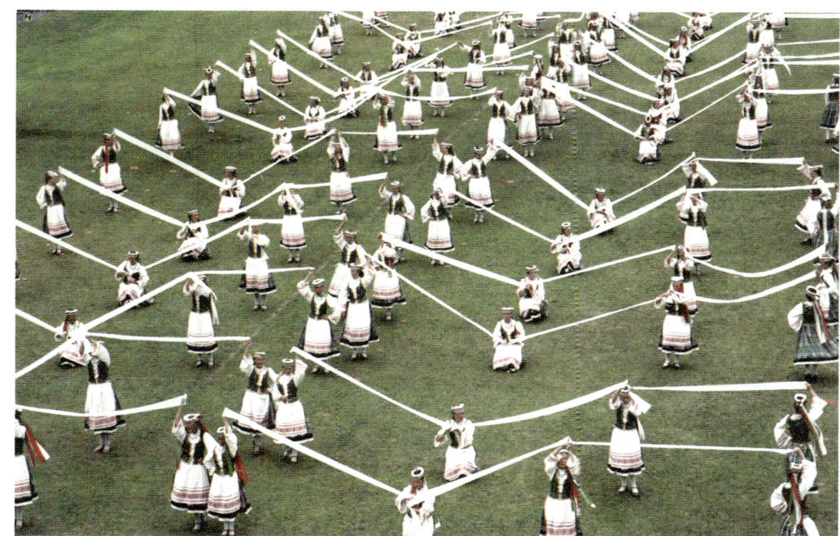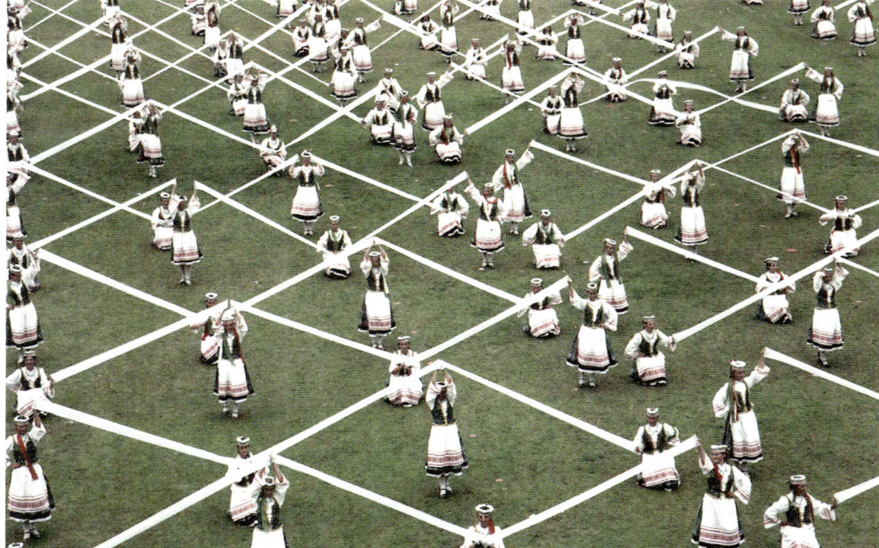

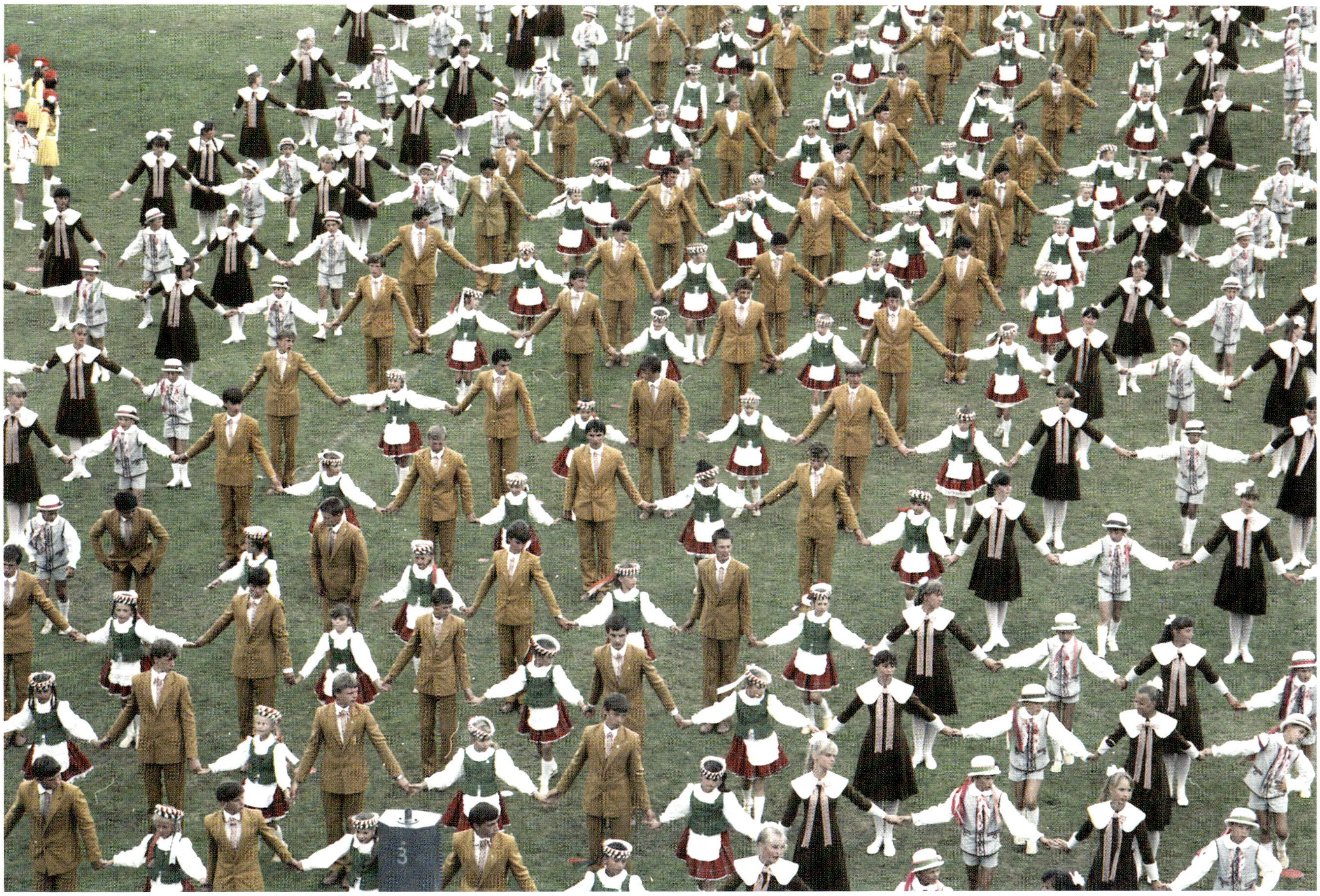

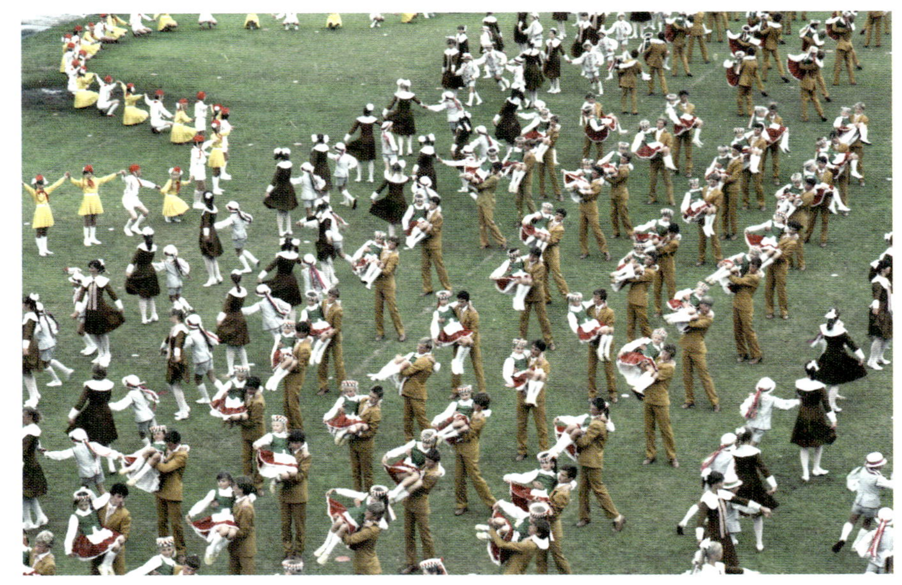

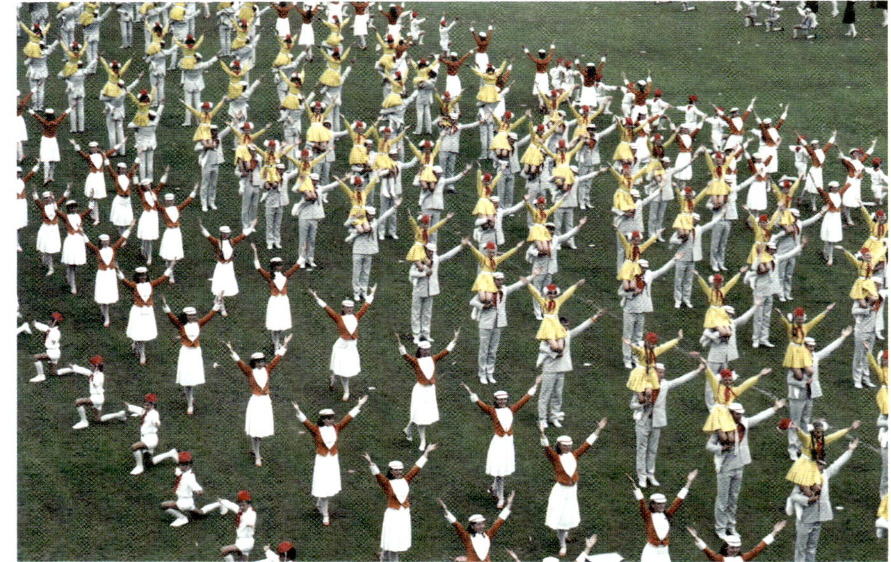

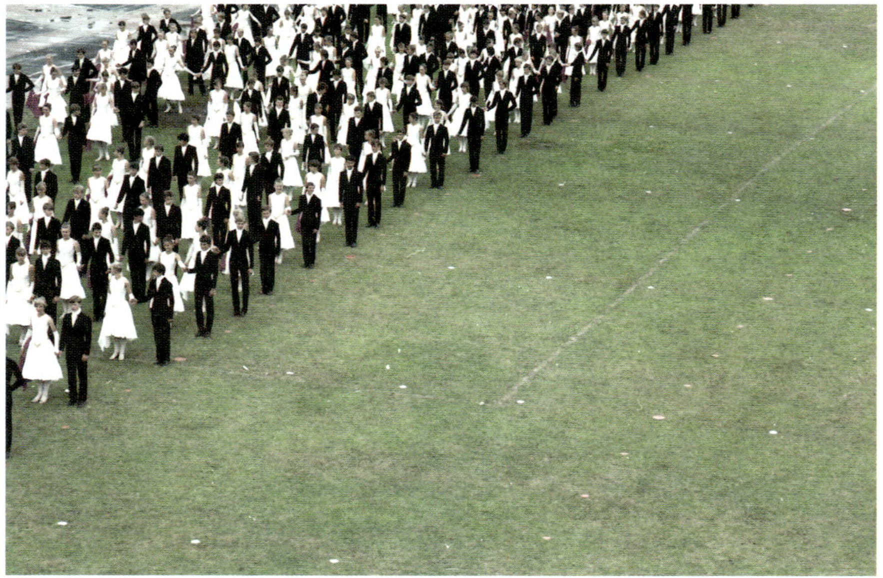

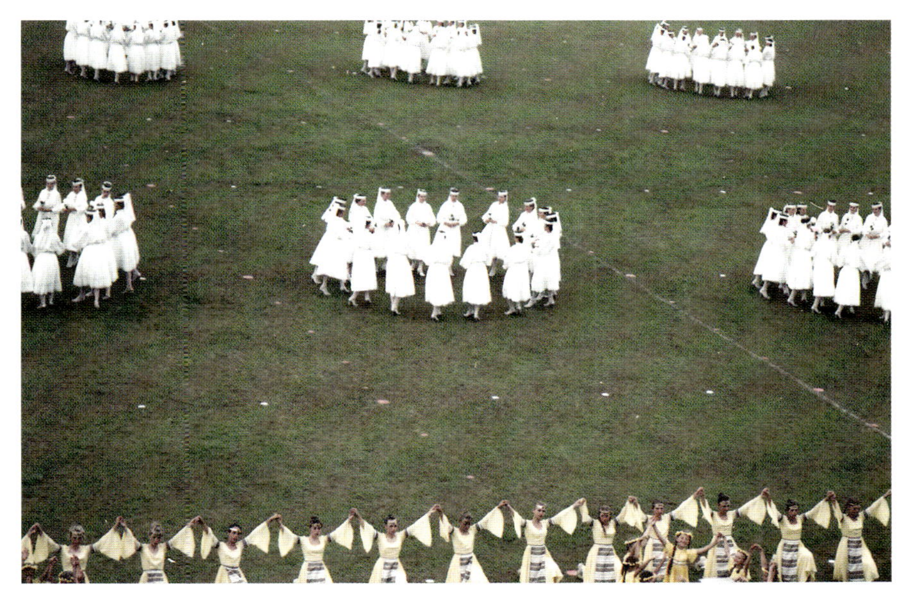

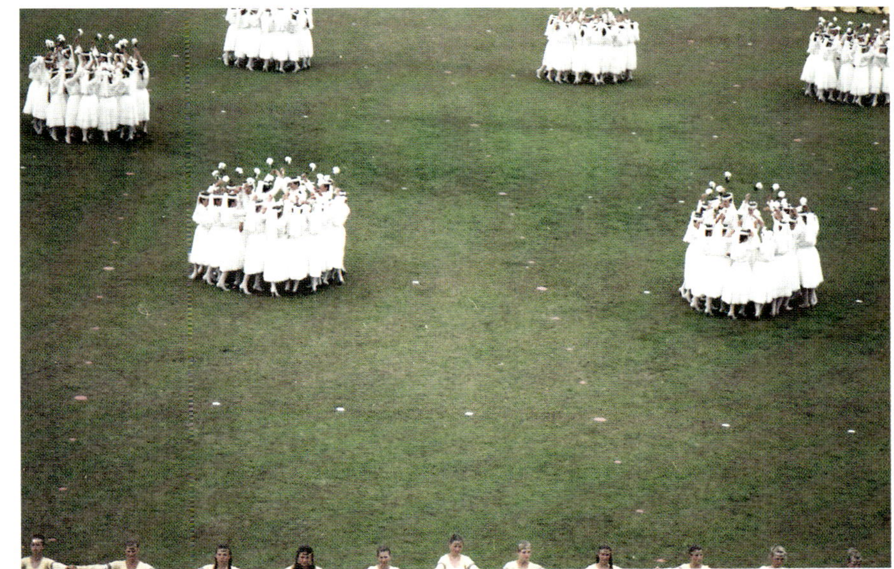

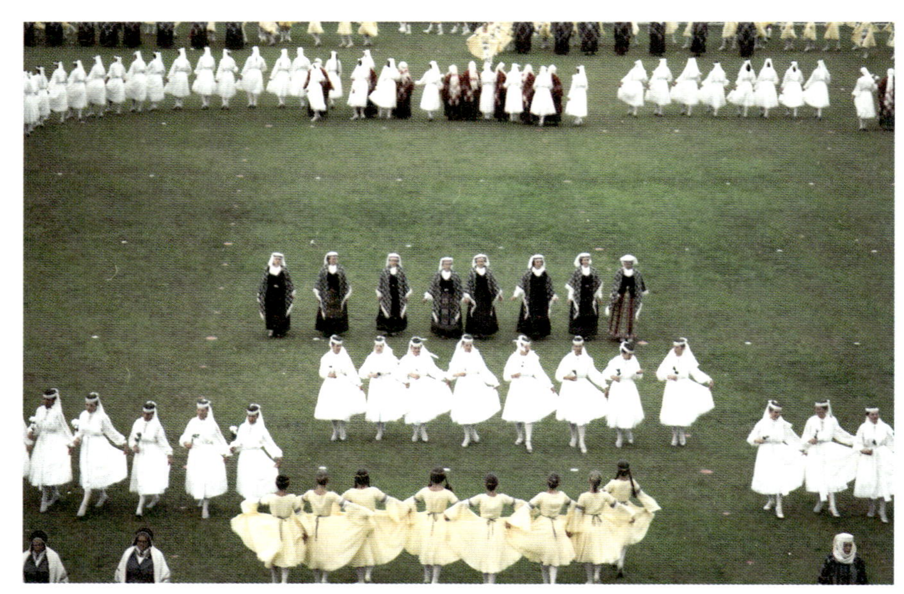

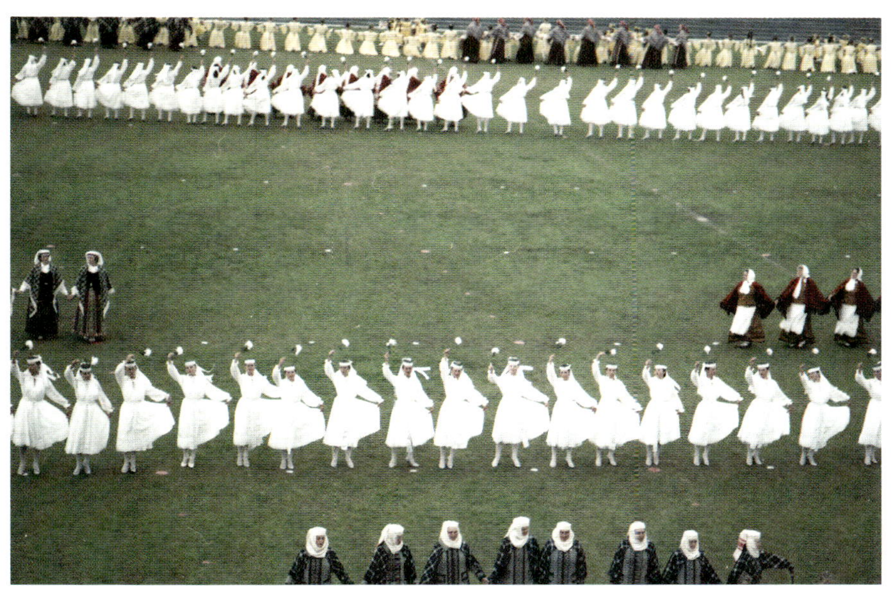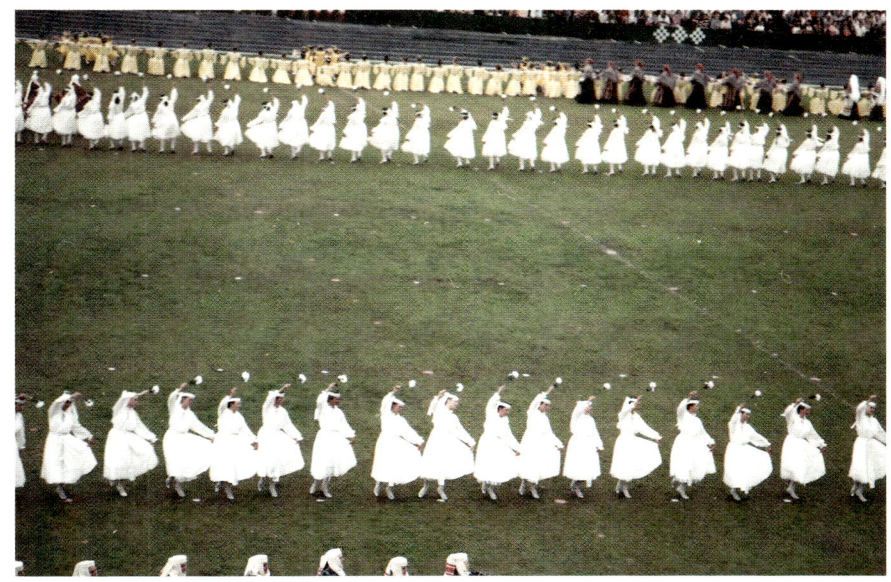

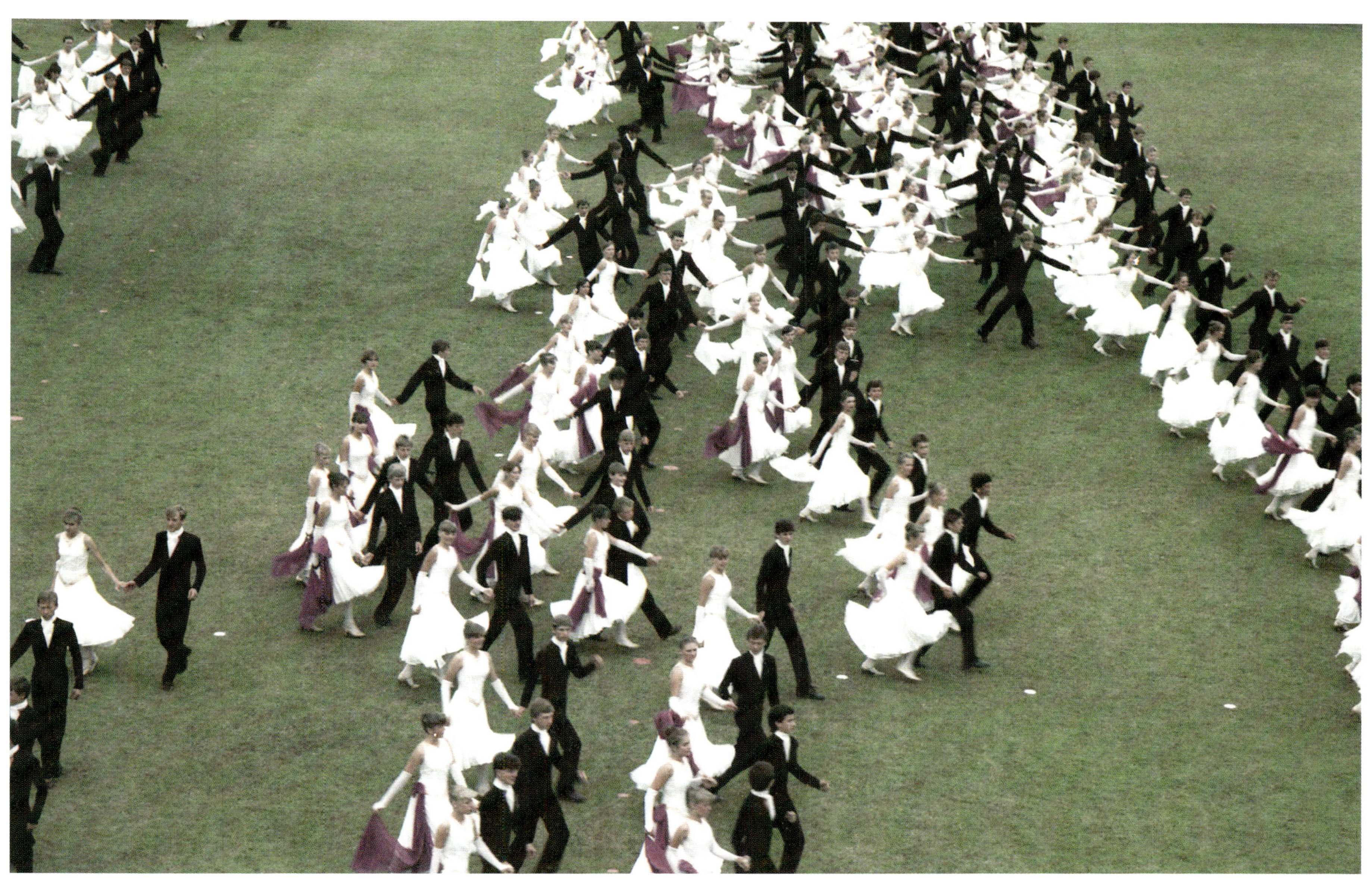

(… ir niekada nebuvusi diena)

– Tai ką gi tu tada prieš daugiau nei trisdešimt metų fotografavai, ką tu ten nufotografavai? (2012 m. Tarptautinėje Vilniaus knygų mugėje vykusiame Algirdo Šeškaus knygų „Žaliasis tiltas“, „Archyvas (Pohulianka)“ ir „Meilės lyrika“ pristatyme autoriaus klausė menotyrininkė Malvina Jelinskaitė.)

– Ką fotografavau?

Ne fotografavimas ir ne fotografija buvo svarbiausia.

Nuostabios kolegės Agnė (A. Narušytė – menotyros daktarė, monografijos „Nuobodulio estetika Lietuvos fotografijoje“ autorė) ir Margarita (M. Matulytė – istorijos daktarė, monografijos „Nihil obstat. Lietuvos fotografija sovietmečiu“ autorė) ką tik sakė, kad nieko ten tose mano fotografijose nematyti, mažai šviesos, mažai detalių, mažai atpažįstamo. Ir iš tikrųjų nuotraukose mažai to, į ką mes šiaip jau linkę remtis, tiksliau sakant – mažai jose ramentų. Nėra ten aiškiai apčiuopiamų ramentų gyvenimui gyventi.

Tas „nedaug“ nuotraukose tėra tik patvirtinimas, kad kažkas vyksta, kažkas yra, kad mes esam. Mes juk teturim dvi galimybes: „galim rinktis“ tik tarp negimti ar būti iki mirties. Visi čia esantys „pasirinkom“ būti ir tai – pagrindinis mūsų tikslas. Begales tikslų išsikeliame paskui, tenkindami norą kuo daugiau turėti būnant, tuomet esamą imame skaidyti, išskaidytą vertinti ir savintis. Ima težti mumyse pagrindinio tikslo suvokimas.

(Meno svarbiausia funkcija – begale pasinaudojus, neleisti begalei užstoti esmę.)

Gyvenimui einant į pabaigą, tas „būti“ vis labiau išsikristalizuoja sąmonėje (ne be meno pagalbos, žinoma). Ir gyvenime, ir fotografijoje – ne skaidyti ir susikomponuoti sau patogiai, o būti, visa ko draiskanas sujungiant į Vieną, į esatį. Išgyventi reikia buvimą, o ne terpę.

(O būti be suvokiamo yra amžinybė.)
(O menas be suvokiamo yra amžinas.)

O gyvenimas – tai tokia didelė fotografija. Mes juk visi fotografuojam kiekvieną kartą atsimerkę, o trokšdami daugiau vaizdų mes vis atsimerkiam ir atsimerkiam, ir kitaip net būti bijom. Mums taip svarbu fotografuoti, kad netgi mirdami neužmerkiame akių, kiti jas turi užmerkti, kai nusprendžia, kad šita fotografija-gyvenimas baigta. Be galo fotografuojant vis reikšmingesnio visko mus užgriūva tiek, kad galų gale ir fotografijoje-gyvenime, ir fotografijose kyla didžiulis chaosas. Viskas taip ima nederėti tarpusavyje, kad to pabiro nenuspėjami santykiai, kylančios nemalonios įtampos vėl ir vėl verčia žmogų ieškoti pačios pradžios, to nieko, tos tuščios fotojuostos, nežiūrėjimo. Buvimo be gyvenimo. Kai gyvenimas tėra šalia, kai tai, kas fotografijoje, tėra šalia.

(Iš gryno į chaosą, kai nori suvokti, kur esi.)
(Iš chaoso į gryną, kai nori suvokti, kas esi.)

Kai imi mažinti visa ko gausmą, net labai svarbūs dalykai ima slinkti į pakraščius, kad nereikštų, kad neužstotų. Šitai fotografijoje Margarita Matulytė pavadino devizualizacija. Tai būsena, kai, nieko svetimo neatpažindamas, pagaliau gali būti savimi.

Pavargęs nuo nesuvaldomo gausmo gali net užsimerkti, fotografijos kokybei tai įtakos neturi.

Fotografijas, kuriose nieko ar beveik nieko nėra, Agnė Narušytė pavadino „nesančia fotografija“.

(Ir vakaroja sau nebuvusi diena.)

Darydamas fotografijas, neturėjau tikslo kažkuo ypatingu pasirodyti ar kažką kažkam priešpriešinti, ne tam aš visa tai dariau. Man buvo labai gera šitai šitaip daryti. Ir mano fotografijos kartais blankios, kartais neryškios ne todėl, kad sovietai man nepateikė gerų ryškalų ar gero popieriaus, fotoinžinieriai ir tuo metu puikių medžiagų susirasdavo ir darydavo ryškias bei išraiškingas fotografijas. Man per daug nerūpėjo nei pamatyti, nei parodyti, o tuo labiau įrodyti. Ir naujienų čia nėra.

Šiandien daug kalbėta apie fotografiją (A. Šeškaus fotografijų albume „Žaliasis tiltas", p. 211), kur moteris tarp žmonių ir žiūri į viršų, o greta daug daug balto... Moteris čia su savimi ir savo aplinka, apie balto buvimą ji nieko nežino, bet balta ją stipriai veikia. Ir ji su visa kuo aplink, ir balto niekas yra joje. Joje vienu metu ir būti, ir nebūti. Ji baltame dar neištirps, o mes, jei norim, kažkiek su ja pabuvę, nyrame. Ir suvokiame viską.

Kažkur esu sakęs: „O ant gyvenimo upės kranto..." (Algirdo Šeškaus fotografijų albume „Žaliasis tiltas", p. 18)
Mes kartais taip sakom: „Gyvenimas kaip upė." Jis teka, kunkuliuoja.
O ant kranto? Ant kranto.
Toje fotografijoje su į dangų žiūrinčia moterimi labai daug balto, tas balta ir yra krantas, nuo kurio gali ramiai stebėti neramią upę. Nedalyvauti, nereaguoti, nieko nenuteisti ir nieko neišteisinti, tik stebėti. Nesusimaišai su smėliu ar dumblu ir nesidaužai į akmenis, ir nevartalioja tavęs žiopčiojančio nesuvokiamas ir todėl dar baugesnis srautas. Būna, kad suskausta ir ant kranto, bet chroniško skausmo, tai yra kančios, sraute nebūdamas nebepatirsi. Iš šalies galėdamas apžvelgti upę labiau ją supranti. Labai smagu būti šalia gyvenimo ir tesuvokti jį.
 Krantas svarbiausia, todėl į Malvinos klausimą, o ką aš ten fotografavau, sakau: „Upę, viską, ką upė nešė pro šalį. Tėkme galima papasakoti apie viską: ir apie tėkmę, ir apie krantą, ir apie tai, ko nei tėkmėje, nei krante niekada nebuvo."

Tų fotografijų buvo daug. Upė erdvi, galinga. Pūpsoti ant kranto buvo smagu. Reikėjo tik nuspaudinėti fotoaparato mygtuką. O dar kai nesirūpini, ar nustatytas ryškumas, ar persukta juostelė, ar taip tiktai spaudai – tai visai nesvarbu. Buvau, gyvenimas buvo.

(Galima būti tik viduje arba išorėje, kuri yra viduje.)

(...и никогда не бывший день)

– Так что же ты тогда, более тридцати лет назад сфотографировал? Что ты там сфотографировал?(Во время представления книг «Зеленый мост», «Архив (Погулянка)» и «Лирика любви» на Международной книжной ярмарке 2012 г. автора спросила искуствовед Мальвина Елинскайте).

– Что сфотографировал?
Прекрасные мои коллеги Агне (А. Нарушите – доктор искусствоведения, автор монографии «Эстетика скуки») и Маргарита
(М. Матулите – доктор истории, автор монографии «Nihil Obstat. Фотография Литвы в советское время») только что сказали, что ничего там в моих фотографиях не видно, мало света, мало деталей, мало узнаваемого. И впрямь, в снимках мало того, на что мы склонны опираться. Точнее, костылей там мало. Нет там явно ощутимых костылей, помогающих жить жизнь.
То «немногое» в снимках является лишь подтверждением того, что что–то происходит, что–то есть. Что мы – есть. Мы ведь имеем всего две возможности, можем выбирать лишь между «не родиться» и «быть до смерти». Все здесь присутствующие выбрали быть, и это является основной нашей целью.
Потом мы ставим себе несконечаемое количество целей, потакая желанию иметь как можно больше присутствия, и тогда все, нас окружающее, начинаем дробить, расчлененное – оценивать и присваивать, и так начинает растворяться ощущение основной цели.

(Главная функция искусства – воспользуясь бесчисленным, не позволять бесчисленному заслонять суть.)
В моей жизни, по мере приближения ее к концу, «быть» все сильнее выкристализуется в сознании (не без помощи искусства, конечно).

И в жизни, и в фотографии – не измельчать ради собственного удобства, а быть, все расчлененное объединяя воедино, всякое – во все. Проживать нужно присутствие, а не среду.

(А быть без постижения – это вечность.)
(А искусство без постижения – вечное.)

А жизнь – это такая большая фотография. Всякий раз, открывая глаза, мы фотографируем. И, желая видов иметь побольше, мы всё окрываем глаза да открываем, в ином положении и быть–то страшновато. Настолько важно нам фотографировать, что даже умирая, мы не закрываем глаз. Другие это делают за нас, когда решают, что эта фотография – жизнь – закончена. В этом бесконечном процессе фотографирования на нас наваливается столько всякого важного, что, в конце концов, и в фотографии–жизни, и в фотографиях хаос возникает неописуемый. Все так не сходится между собой, что бесчисленные непредсказуемые отношения и возникающее неприятное напряжение опять и опять заставляют человека искать самое начало, ничто, пустую фотопленку, невидение. Присутствие без жизни. Когда жизнь – где–то рядом, когда то, что в фотографии – только где–то рядом.

(Из чистого в хаос, когда хочешь осознать где ты.)
(Из хаоса в чистое, когда хочешь осознать, кто ты.)

Когда берешься уменьшать гул присутствующего, даже очень важное становится не столь явным, более текучим и   расползается по краям, чтобы не значить, чтобы не заслонять. Это в фотографии Маргарита называла «ревизуализацией». Это состояние, когда ничего не узнавая в окружении, наконец можешь быть собою.
Устав от неконтролируемого гула, можно и глаза закрыть. На качество фотографии это не влияет. Фотографии, на которых ничего, или почти ничего нет, Агне называла «неприсутствующей фотографией».

(Предвечернее время дня, которого не было.)

Делая фотографии, я не имел цели что–то особенное показать или выступить против чего–то. Не для того я все это делал. Мне было очень хорошо делать это – так. И мои фотографии иногда тусклые, иногда недостаточно резкие не потому, что Советы не предоставили мне хороший проявитель, или бумагу. Фотоинженеры и в то время находили себе приличные материалы и производили резкие и вразительные фотографии. Меня не беспокоило желание ни увидеть что–то, ни показать, ни, тем более, рассказать. И новостей тут нет.

Сегодня много говорилось о фотографии (В альбоме фотографий А. Шешкуса «Зеленый мост», стр. 211.), где женщина среди людей смотрит вверх, а рядом – много–много белого. Женщина тут с собой и со своим окружением, о присутствии белого она не подозревает. Но белое сильно на нее влияет. Есть она со всем своим окружением, и белое ничто присутствует в ней. В одно и то же время в ней есть и «быть», и «не быть». Она еще в белом не расплавилась. А мы, коль хотим, взглянув на женщину, погружаемся туда смело. И постигаем все.

Где–то я говорил: «Я на берегу реки жизни»(в альбоме фотографий Альгирдаса Шешкуса «Зеленый мост», стр. 18.)
Мы говорим иногда: «река жизни». Она течет, полна водоворотов. А на берегу? На берегу.
В той фотографии с глядящей в небо женщиной очень много белого. Белое и есть берег, с которого можно спокойно наблюдать неспокойную реку. Не присутствовать, не реагировать, никого не осуждать и никого не оправдывать, а только наблюдать. Ты не вперемешку с песком или илом и не бьешься о камни. Не волочит тебя, жадно воздух хватающего, неосознаваемый и оттого еще более жуткий поток. Бывает так, что болит и на берегу. Но от хронической боли, то есть, от муки тебе не страдать. Имея возможность реку озирать со стороны, лучше ее понимаешь. Весьма весело быть с жизнью рядом, лишь осознавая ее.
Самое главное – берег. Поэтому на вопрос Мальвины, что я там фотографировал, говорю – реку.

Все что река прносит мимо. Потоком можно рассказать обо всем: и о потоке, и о береге, и о том, чего никогда ни в потоке, ни на берегу не было.

Фотографий было много. Широка ведь река, мощна. На берегу было весело. Надо было лишь нажимать на кнопочку фотоаппарата. А если еще не заботишься о том, наведена ли резкость, переведена ли пленка, лишь нажимаешь – все неважно. Был, жизнь была.

(Можно быть только внутри или снаружи, которая внутри.)

(… the day that never was)

"So what was it that you were shooting more than thirty years ago, what did you shoot?"(art critic Malvina Jelinskaitė asked Algirdas Šeškus during presentation of his books *Žaliasis tiltas* (The Green Bridge), *Archyvas* (Pohulianka) (Archives) and *Meilės lyrika* (Love Poetry) at the International Vilnius Book Fair of 2012.)

"What did I shoot?"

It was neither taking photos, nor photography that mattered most.
My wonderful colleagues Agnė (A. Narušytė, Doctor in Art History, the author of the monograph *The Aesthetics of Boredom*) and Margarita(M.Matulytė, Doctor of History, the author of the monograph *Nihil obstat. Lietuvos fotografija sovietmečiu* (Lithuanian Photography in Soviet Years)) have just said that one can see nothing in these photos of mine, with this meager light, scarce detail and few recognizable clues. Indeed, these pictures show but a few things that we tend to lean on; there are few props in them, to be more exact. They provide no tangible props to live one's life with.
This "few" is only as much as needed to confirm that something is happening, that something exists and that we are here. Because we only have two options: we "have a choice" between either not to be born or to be here until death. All of us present here "have opted" to be and that is our ultimate goal. Only afterwards we set other multiple goals in order to satisfy the desire to have as much as possible while we are here; we start dividing the existing, and once divided, we start weighing it and appropriating. This slackens our understanding of the ultimate goal.

(The main function of art is after using the infinite, not to let it overshadow the substance.)

With one's life drawing to an end, this "being" is increasingly crystallized in one's consciousness (surely, not without help of art). One should, in life and photography, instead of breaking everything apart and rearranging in a manner convenient to oneself, be joining these crumbles into Oneness, into being. One has to experience being, not the medium of it.

(While being without perception is eternity.)
(While art without perception is eternal.)

Life is a huge photograph. Each of us is taking pictures each time we open our eyes, and we yearn for new images so much that we keep opening our eyes, and keep opening our eyes, and we are even scared to be otherwise. Taking pictures is so important for us that even at death we do not shut our eyes – somebody else has to close them once they decide that this photo-life is over. This endless shooting so overwhelms us with things of increasing significance so much, that in the end this creates chaos both in the photo-life and the actual pictures. Everything comes to such a discord when the unpredictable relations of this disintegration and these irritating tensions make one search again for the very beginning, search for nothingness, for an empty film, for not seeing. For being without living. When life is just next to you, when what is in the picture, is just next to you.

(From pureness – into chaos when you want to find out where you are.)
(From chaos – to pureness when you want to find out who you are.)

When you start reducing the abundance of everything, some even important things start receding to the margins – so that they stop signifying, stop overshadowing. Margarita Matulytė refers to this as de-visualization when happening in photography. It is a state of mind, you can finally be yourself by not recognizing anything alien.

When you get tired of uncontrollable exuberance, you can shut your eyes – this has no impact on the quality of photography.

The photos which show nothing or nearly nothing have been called by Agnė Narušytė the „non-existent photography".

(And the non-existent day is wearing on.)

In taking photos, I had no goal to present myself as someone extraordinary, to either resist or counter someone: it have never been shooting with this intent. I enjoyed doing it the way I did. It is not because soviets did not supply me with good developer or paper that my pictures are sometimes dim, sometimes foggy; photo engineers at the time would dig out super materials and produced sharp and expressive pictures. I never cared to see too much, either to show too much, let alone to prove anything.

Today there has been plenty of talk about the photo (A. Šeškus' photography book *Žaliasis tiltas* (The Green Bridge) p. 211.) showing a woman mingling with other people, she is looking upwards, and there is lots of white space next to her… The woman is with herself and her environment, and she knows nothing of the existence of that whiteness, but the white colour makes a strong impact on her. This woman embraces everything surrounding her and that white nothingness. She contains both to be and not to be. She is not going to melt in this whiteness, while we, after having whiled with her some time, can delve into it, should we wish so. And we grasp everything.

Once I have said "On the bank of the river of life…"(Ibid. p. 18.)
We sometimes say "Life flows like a river." It rushes on, it whirls.

And on the bank? On the bank.
There is plenty of white in that picture with this woman gazing at the sky – that whiteness is the bank, from which you can peacefully observe that restless river. peacefully. Observing means withdrawing, without responding, without judging or acquitting. You are not mixed with grit or mud, you are not beaten against stones, you do not tumble, gasping for air, in the incomprehensive, and therefore, even more ominous stream. You might feel some pain even on the bank, but stay away from the stream, and you will be delivered of any chronic pain, that is, from suffering. When you observe the river from outside, you can perceive it even better. There is plenty of fun to keep next to life and do with just perceiving it.

The bank is most important, that is why to Malvina's question, as to what exactly I was shooting, I say: "The river, all that it stream carried past. The flowing stream can tell you of everything: of the river and of the bank, and the things that have never existed in the stream or on the bank."

These pictures were legion. The river flowed wide and powerful. It was fun to linger on the bank. It only took pushing the shutter button – without caring about the focus or brightness, whether the film is rewound or maybe you are simply pushing the button idly. I have been, and so has life.

(It is possible being only inside, but also outside, which is also inside.)

(…und der Tag, der niemals war)

– Was hast Du vor mehr als dreißig Jahren fotografiert und was hast Du damals aufgenommen? (auf der internationalen Buchmesse Vilnius 2012 befragte die Kunstkritikerin Malvina Jelinskaitė den Autor der Bücher „Žaliasis tiltas" („Grüne Brücke"), „Archyvas (Pohulianka)" („Archiv (Pohulianka)") und „Meilės lyrika" („Liebeslyrik") Algirdas Šeškus.)

– Was ich fotografiert habe?
Nicht das Fotografieren und nicht die Fotografie waren vorrangig.
Die guten Kolleginnen Agnė (Dr. Agnė Narušytė, Kunstkritikerin, Autor der Monographie „Zur Ästhetik der Langeweile in den litauischen Fotografien) und Margarita (Dr. Margarita Matulytė, Geschichtsforscherin, Autor der Monografie „Nihil obstat. Litauische Fotografie in der Sowjetzeit") haben gerade gesagt, dass auf meinen Fotografien das Nichts zu sehen ist: es fehlt an Licht, es fehlt an Details und es ist wenig erkennbar. In der Tat, auf den Fotos findet man wenig von jenem, worauf wir uns aus Gewohnheit stützen können, genauer gesagt – es auf diesen Bildern zu wenig Stützen gibt. Es gibt dort keine fassbaren Krücken zum Beschreiten des Lebensweges.
Dieses „Wenige" auf den Fotografien ist lediglich eine Bestätigung, dass etwas passiert, dass es etwas gibt und dass es uns gibt. Uns sind eigentlich nur zwei Möglichkeit „zur Wahl gestellt": wir „dürfen wählen" entweder nicht geboren zu werden oder bis zum Tode hier zu verweilen. „Die Wahl" von allen hier Anwesenden war, hier zu sein und dieses Dasein ist nun unsere Hauptaufgabe. Erst später setzen wir uns zahlreiche Ziele, zwecks Befriedigung unseres Begehrens, über möglichst vieles während des Daseins zu verfügen. Dazu teilen wir das Gegebene auf, das Geteilte wollen wir bewerten und uns aneignen. Das Begreifen unserer Hauptaufgabe zergeht in uns.

(Die Hauptaufgabe der Kunst besteht im Einsatz des Unermesslichen, wobei dem Unermesslichen die Beschattung des Sinnes untersagt ist.)

Wenn unser Lebensweg sich dem Ende zuneigt, gewinnt in unserem Bewusstsein das Begreifen des „Daseins" recht deutliche klare Umrisse (das geschieht selbstverständlich nicht ohne Hilfe der Kunst). Sowohl im Leben, als auch auf den Fotos ist nicht zu spalten und dann auf ganz eigene Weise zusammenzufügen, sondern man muss im eigenen Dasein die Fetzen zu einer Einheit, zu einer Existenz zusammenfügen. Man hat diese Existenz, und nicht das Medium, zu erleben.

(Leben ohne das Wahrnehmbare ist die Ewigkeit.)
(Die Kunst ohne das Wahrnehmbare ist ewig.)

Das Leben selbst ist ein großes Foto. Jeder von uns schießt bei jedem Augenöffnen die Bilder, im Verlangen nach neuen Bildern machen wir die Augen immer wieder auf und haben sogar Angst vom anderweitigen Dasein. Das Fotografieren ist so wichtig für uns, dass wir auch beim Sterben unsere Augen nicht zumachen: die anderen müssen das für uns tun, wenn sie festgestellt haben, das diese Lebensfotografie schon fertig ist. Beim Fotografieren ohne Ende findet sich immer was Wichtiges, wir werden davon überrollt und letztendlich herrscht auf der Lebensfotografie und auf den Bildern ein richtiges Chaos.

Plötzlich passt alles nicht mehr zueinander, daraus resultieren unvorhersehbare Beziehungen, unangenehme Spannungen und das zwingt den Menschen immer wieder nach dem Anfang zu suchen, nach einem Nichts, nach einem leeren Film, nach einem Nicht–Schauen. Nach einem Dasein ohne Leben. Wenn das Leben einfach daneben ist, wenn das Fotobild auch nur daneben ist.

(Aus dem Reinen geht man ins Chaos, um zu begreifen, wo man sich befinde.)
(Aus dem Chaos geht man ins Reine, um zu begreifen, wer man selbst ist.)

Beim Reduzieren des Dröhnenden, schleichen sogar sehr wichtige Dinge gen Rand, um unbedeutend zu werden und um das Nichts zu beschatten. Diese Erscheinung auf der Fotografie wurde von Margarita Matulytė als Devisualisierung bezeichnet. Das ist jener Zustand, wenn man nichts Fremdes erkennt und endlich man selbst ist.

Ermüdet durch unbeherrschbares Dröhnen darf man sogar die Augen schließen ohne die Qualität der Bilder dadurch zu beeinflussen.

Fotos ohne Abbildungen darauf oder fast ohne Abbildungen hat Agnė Narušytė als „nicht existierende Fotografie" bezeichnet.

(So verbringt seinen Abend der Tag, den es nicht gab.)

Als ich Fotos machte, hatte ich keine Absichten, als was Besonderes aufzutreten oder etwas jemandem gegenüberzustellen; nicht dafür habe ich alles getan. Es hat mir einfach wohl getan. Meine Bilder sind manchmal blass, manchmal unscharf geworden. Es lag nicht daran, dass die Sowjets nicht gute Entwickler oder gutes Fotopapier lieferten, da die Fotoingenieure auch damals qualitative Mittel fanden und scharfe und ausdrucksvolle Bilder entwickelten. Ich war nicht besorgt, weder was zu sehen oder zu zeigen, geschweige denn zu beweisen. Nichts Neues dabei.

Heute sprach man viel über das Bild (im Fotoalben von A.Šeškus „Žaliasis tiltas" („Grüne Brücke"), S. 211.), wo die Frau in der Menge steht und nach oben schaut, wobei sie viel Weißes umgibt... Die Frau ist mit sich und in ihrer Umgebung, sie weiß nicht über das Weiße ringsum, doch dieses Weiße übt eine starke Wirkung auf sie aus. Sie ist mit allem, was ringsum ist und mit dem weißen Nichts in ihr. In ihr ist gleichzeitig sein und nicht sein. Sie wird im Weißen nicht zerschmelzen, und wir, nach kurzem Verweilen mit ihr, tauchen ein. Und dann begreifen wir alles.

Ich habe irgendwann gesagt: „Am Ufer des Lebensflusses..."(Fotoalben von A. Šeškus „Žaliasis tiltas") („Grüne Brücke"), S. 18.)

Wir pflegen manchmal zu sagen „Das Leben ist wie ein Fluss." Es fließt dahin und brodelt.
Am Ufer? Ja, am Ufer.
Auf diesem Foto mit der Frau, die auf den Himmel schaut, gibt es sehr viel Weiß, dieses Weiß ist jenes Ufer, von welchem Du in Ruhe den unruhigen Fluss beobachtest. Ohne teil zu nehmen, ohne zu reagieren, ohne zu verurteilen oder zu rechtfertigen, nur beobachtest. Du wirst nicht mit Sand oder Schlamm vermengt, du peitschst nicht gegen die Steine, der unbegreifliche und bange Strom wälzt dich nicht. Schmerz erschüttet auch auf dem Ufer, doch einen chronischen Schmerz, also richtiges Leiden kann man nur mitten im Strom erleben. Wenn man den Fluss beobachtet, kann man ihn besser verstehen. Ist recht gemütlich, neben dem Leben zu sein und es nur wahrzunehmen.
Das Ufer ist das Wichtigste, daher lautet meine Antwort auf Malvinas Frage, was ich da fotografiert habe: „Den Fluss und alles was der Fluss an mir vorbei fließen ließ. Durch dieses Fließen ist es möglich, über alles zu erzählen: über den Strom, über das Ufer und über das, was es weder im Strom, noch auf dem Ufer gegeben hat."

Es gab viele Fotos. Der Fluss ist geräumig und mächtig. Es war eine Freude, auf dem Ufer zu hocken. Ich musste nur mit meinem Fotoapparat knipsen. Wenn einen dabei keine Sorgen um Einstellung der Schärfe, um Weiterspulen des Films plagen und es gleichgültig ist, ob das nur für Presse ist, dann ist alles egal. Ich war, das Leben war auch da. So war es, und es war schön.

(Es gibt Moglichkeit nur Innen zu sein, oder auch Aussen, die innerliche ist.)